貓的夏日・小旅行

貓。果然如是 著

貓的夏日·小旅行

目次　Contents

旅途上的畫畫課

當時出發的旅行
到現在
還沒結束

出國旅行，一開始需要一個動機。

如果沒錢，這樣的動機是被排在很後面的。初入職場那些年累積了一些莫名的工作壓力，是自己給的高標準。迫使我想找到一個巨大的出口，一個比逛百貨公司、逛網拍要花上更長一點的時間，或是比回憶更陌生一點的地方。

我開始逛「背包客棧」，三不五時點選機票試算連結，估量要存多少的旅費，累積多少休假時間，學會多少種殺價的語言以及多少的勇氣，然後出發。

和多數人一樣，找幾個朋友一起搭飛機上路，去了一個全然陌生的地方。我卻開始享受旅行中的一點點孤寂，思索著，旅行中的印章或票根、許多的快門聲、在不同的餐桌上用不熟悉的語言配著沒嘗過的食物味道，拉著行李箱在不同的櫃台前等候。

旅行，從一本空白筆記本開始。

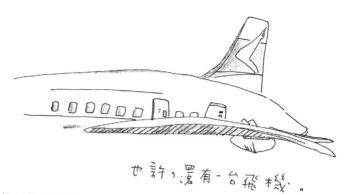

也許，還有一台飛機。

這些，就是旅行的滋味嗎？

還好，我還保有一些流動的畫面在筆記本裡。旅途中收集了各種形狀、色彩、聲音、溫度、氣味，總是從記憶的縫隙中鑽進來，在每天平凡的小日子裡透出一點點對旅行的想念與樂趣。

從旅途開始紀錄眼前的風景成了一種習慣，延續到日常中。假裝著，我的小旅行一直一直持續進行，沒有結束。

抵達關西空港已經是晚餐後的時間，雖然第一天即將結束，但是旅行正要開始。

旅行前就花了不少錢在選購適合的旅遊書籍。根本就不可能抵達所有的景點，卻開始想像在其中生活的細節，這是某種樂天知命的性格吧！

日本記錄片導演小川紳介曾經這樣說過：「看電影這個行為，並不單純指有個銀幕，上面放著電影，我們去看了，看完了回家這一個簡單的過程。而是，事實上，從你想看電影的那一刻起，其實電影就已經開始了。」

對我來說，邁開長途旅行的步伐從收集旅遊資訊，或看了哪張相片動了「我想去這裡」的念頭，在心靈上就是 on the road，接下來開始找住宿地點附近有沒有市場可以買菜，祈禱背包旅舍裡有個小廚房能使用。

做夢不如上路。

一區一區的翻開，從博物館、咖啡館開始找，確認旅行期間的展覽、確認咖啡館開門的時間。資訊一條一條的抄下來，連地圖也不放過。翻著昨天抄寫的紀錄，好像我已經到過那裡，喝了一杯抹茶歐蕾，帶著愉快的心情返家。

如果旅行可以像搭公車到市區喝杯咖啡熱茶這麼容易就好了。在蟬開始大聲鳴叫前，趕緊翻完資料，把夏天旅行搞定吧！

My Trip · Book list ※東京·

日像MOOK的書·
推薦指報：❤❤❤

一個人的TOKYO初体驗♥/台灣角川出版 NT 260
·哈日杏子

最新版！

日有詳細の商店街介紹·
＊有手繪地圖·
＊推指報 ❤❤❤❤❤

東京街道發現♥/太雅生活館 NT 350.
·魏國安

＊初版第一刷· 👑冠軍
日看完後也想挑戰在TOKYO散步……
＊有手繪圖
＊推薦指報： ❤❤❤❤❤
(P.S 再版の封面不同喲！)

東京生活遊戲中♥/西遊記 NT 280.
·Milly

* J-HOPPERS KYOTO
在京都車站南口步行約7-8分鐘。重溫宿舍式住宿の便宜旅舍。英語溝通可，有簡便廚房，附近有超市和超商。

→ J-Hoppers 也有單車租借！

像大學宿舍一樣的
J-Hoppers Kyoto
住宿生活

日本的旅遊住宿有非常多選擇，早先住過商務旅館，雖然很乾淨，也多在交通便利之處，但是有點厭倦了每天早餐都是味噌湯和三角飯糰，也沒有廚房可以使用，所以第二年再去日本時就選擇了民宿或是住宿家庭。

出發前，朋友先在背包客棧上找到這間很多人推薦的京都住宿J-Hoppers Kyoto，先以email連繫預定後，抵達入住時在櫃台付款就可以了。

從京都火車站後方，步行約十分鐘就可以看到J-Hoppers的玻璃窗立在街角。

一樓是check-in的櫃台，總是有三三兩兩的背包客在此使用店內的電腦，螢幕上正在處理的也許是某些思鄉，或是即將出發的下個旅程。staff確認我們的房間後，到小掛帘的後方取了乾淨的床單和枕頭套以及鑰匙遞給我

們。迎接自助旅行的第一個開始，是非常狹窄的木頭階梯，我想離開時最後一個難題該是要把行李箱抬下來。

上樓梯後全部要換上室內拖鞋，於是在樓梯玄關處散置了各種的鞋子，男鞋女鞋皆有，運動鞋居多，多數已磨損到看不清原本的顏色，夾腳拖鞋也是有的，通常帶有長期旅行的痕跡。

先住四樓的和室房，隔天轉到八人上下舖的房間。但衛浴設備都是要走到二樓的公用淋浴間和廁所，有種回到大學宿舍生活的感覺。

二樓靠馬路這側有個廚房和交誼廳，住宿期間的晚餐和早餐都靠這個配備齊全的廚房解決，晚上七八點回民宿路上到超市買些簡單的食材，煮個贊岐烏龍麵就獲得大滿足，還可配點蔬菜水果，營養滿點。

在廚房的時候，也會遇到其他住宿的旅客，能夠交談的話會聊上一兩句，有時候回答鍋子裡頭放了什麼，有時候詢問明天要去哪裡玩。端起湯碗和朋友一起到客廳享用，電視機的遙控器常常找不到，於是不論早晚，頻道總是停在國際新聞節目，有時還被裸著上身走進來的金髮男子嚇到，這已經不是身材或年紀的問題，而是國情風俗的差異。

早安！京都。
morning！KYOTO！

第二天搬到租金較便宜的Dormitory room，和其他的旅客共用一個大房間，貼心的店家有提供大片布簾在入睡時候可以把床圍起來，避免睡姿太可笑被發現。但夏天的京都只有熱，直接把保護隱私用的布簾當涼被蓋，省掉遮醜的動作。

如果要說，這個如大學宿舍一般的民宿，有何魅力？除了Staff年輕活潑外，大概是給了我一種家的感覺。從小浴室走出來，一手拿著換掉的髒衣物，一收拾著借來的臉盆，鯊魚夾還在頭上，這是一點也不美，還很居家。自自在在的走回房間，和室友們點著頭打招呼，在其實很狹小的空間攤開行李箱打包今日的戰利品，和同行的好友討論明日的行程。

晚上回來時，可以在一樓的小白板看到明日的氣象資訊。在許多旅行變數中，仍保有一些安心，這是J-Hoppers Kyoto給我的感受。

甚至在離開京都，前往下一處的住宿，因故出了問題時，當我們厚著臉皮回頭找J-Hoppers Kyoto，也得到相當大的協助，讓我們從大學宿舍住到公寓小套房去，在京都多停留一日。

人工手動式氣候資訊版，是J-HOPPERS夥伴晚上休息前查好資料畫上的。

早晨才來得及看清楚 J-HOPPERS KYOTO 的外觀。

打開四樓的窗子就能看見寧靜的京都早晨。
©南西

二樓的交誼廳有可以用餐的位置，牆上張貼了旅遊資訊。

樓梯牆上的裝飾，看不懂日文，但是從漢字中心領神會，帶著微笑出門開始一天的旅行。

京都 J-Hoppers
〒 601-8027京都市南區東九条中御霊町 51-2
電話 +81-75-681-2282
傳真 +81-75-681-2282
網站 kyoto.j-hoppers.com
信箱 hello@j-hoppers.com

因禍得福住進
京都公寓西式套房
Kyoto Apartment 3

我是一個大事不錯，小錯常犯的人。大概根抵是頭腦簡單，得過且過的心態。旅行的行程安排是絕對不能交付給我一個人完成的，我只能厚臉皮的在朋友安排之初提出自己的心願，再由細心的朋友搞定交通路線、控制預算。

最後我能做的也只有寫信預定房間，日本的民宿或是青年旅館多數都能接受線上查詢空房，少數需在一來一往的信件中確認好日期、房型、價錢、抵達和離開時間，以及人數。

這是再簡單不過的事情，但我就是有辦法在英語模式的mail中把預定房間日期從July往前挪到June。

這就是悲劇。

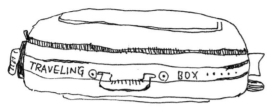

在我們早上起床把行李扛到一樓寄放，預備要出門去看
祇園祭的前五分鐘，我好像感應到什麼，先打電話到箱
根的青年旅館確認晚上的住宿，然後我在對方英日語夾
雜的回應中，沒有聽到OK或是任何令人安心的語氣。

略懂日文的南西接過電話眉頭越擠越深，最後掛上電話
說，「今。天。沒。有。我。們。預。定。的。房。間。」
急如熱鍋上的螞蟻，差不多就是那時候的心情。

因為我的粗心可能要讓我們倆今晚流落街頭，當然箱根
溫泉、小王子博物館、玻璃之森博物館都要說再見了。
人在京都的我們，要向住在東京的網友求救嗎？

趕緊回頭問J-Hoppers還有沒有空房可以留宿，但這時正
當夏天祭典的旺季，床舖在幾個月前早就額滿。

差點脫口而出「有個地方能躺下來就好了。」還好我日語根本一字不會。年輕的staff也許常常遇到這麼糗的旅客，好心的幫我們詢問了一個貌似老闆的大叔。

踩著夾腳拖鞋的大叔出現，聽我們把事情倒帶一次後，拿起電話咕噥咕噥的，聽起來很有希望。老闆掛上電話跟我們說，很抱歉今晚這裡已經客滿，但離這裡不遠的地方還有一棟短租型公寓，有一間空房，如果願意的話可以去看看。

這一切好像在黑暗中看到一盞明燈，人生又充滿了希望。從J-Hoppers Kyoto離開，經過超市，穿過住宅巷弄，抵達一棟牆上掛著Kyoto Apartment 3的公寓。

打開門，有個簡單的玄關，踏上稍高的地板，一樓右側擺了沙發電視、左邊角落是廚房，樓梯下的空間是廁所，旁邊是有浴缸的浴室。要收留我們的是二樓的一個空房間，雖然只有單人床，但是以落難的標準來說已經是天堂等級了，差不多在看到房間的同時，我們就已經點頭如搗蒜，成交。

ⓘ
京都公寓3 Kyoto Apartment 3（九條河原町）
〒601-8028 京都市南區東九条東御靈町52-18
電話 +81-75-812-8776
傳真 +81-75-811-5550
網站 www.kyoto-apartment.com
信箱 info@kyoto-apartment.com
PS.此為長期租用非民宿

價格優待落難背包客，與前一晚的Dormitory room單人收費同等。

這類型的公寓都至少要租半個月以上，適合留學生或是出差上任的單身者，公寓的機能一應俱全。不過因為是長住的租客，也會比較重視生活隱私或安全。我們對這點太大意，擅邀J-Hoppers Kyoto的外國旅人一起過來吃晚餐，其中一位日本OL租客下班回來看到電視開著，沙發上躺了個刺青的外國女生，桌上還有一手啤酒，整個大爆走。她轉過來對著在廚房準備晚餐有些被嚇傻的我們批哩趴啦講了一大串，雖然我一句都聽不懂，但依照她的表情看來，裡頭大概有「你們是誰？怎麼會在這裡？再不走我要叫警察了！」

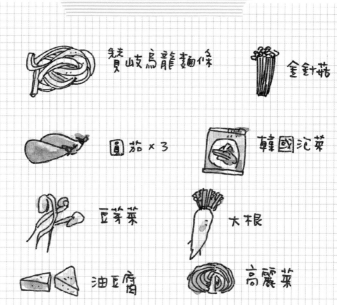

讚岐烏龍麵條　　金針菇

圓茄 × 3　　韓國泡菜

豆芽菜　　大根

油豆腐　　高麗菜

在黑潮超市一邊選食材，一邊想媽媽會如何
料理組合。茄子切塊煎後滷醬油，油豆腐切絲
和豆芽菜，泡菜一起炒，大根煮湯，烏龍麵
醬油麵炒大會什錦蔬菜。在她們吃著"溝通"時，
我希望這桌台式料理可以讓紛爭有個好收尾，
我們不用睡在街上。

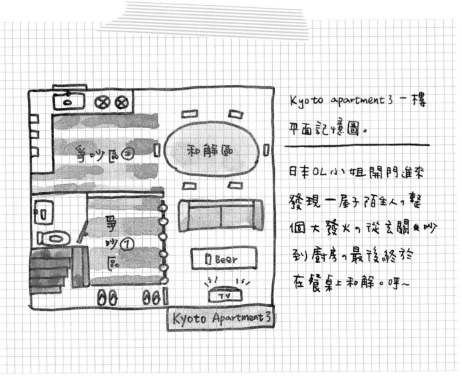

Kyoto apartment 3 一樓
平面記憶圖。
_____

日本OL小姐開門進來
發現一屋子陌生人，整
個大發火，從玄關吵
到廚房，最後終於
在餐桌上和解。呼～

後來在南西不斷的用日語、英文解釋之後，爆走的OL小姐稍微平息怒氣，但顯然還是非常不高興。剛好有其他住客洗完澡出來，聽見嘈雜的聲響下樓察看，終於來了一位中日語流暢的中國留學生，幫我們居中解釋協調，我們也再三保證明天不會看到我們或是啤酒罐，才總算緩和氣氛。這時候默默站在爐子前的我也完成了三菜一湯一麵的晚餐，趕緊請居中的翻譯邀請OL小姐一起用餐，南西趕緊順勢獻上台灣名產鳳梨酥，一群陌生人闖入家園的仇恨感才逐漸化解。

送走刺青客，再向日本OL和中國留學生道謝致歉，誰能曉得這趟旅行還會發生什麼事情。就寢時，我以賠罪的心情自願睡地板，在心中感謝能睡在乾淨舒適的地方，不會吹風淋雨；感謝同行的南西沒有當場揮我一拳，還能自我解嘲的說省下的交通和參觀費可以再去買更多的繪本；感謝這一切的經歷，好的壞的，都讓我更瞭解旅行的意義。

賠罪用の台灣鳳梨酥
大獲好評!!

K's House 和在京都入住的 J's Hostel 都是屬於背包客出入較多的家庭式旅館。位於著名景點淺草寺附近的 K's House Tokyo，在我們造訪前才開幕不久，設備非常新。但距離較近的都營大江戶線藏前車站口並沒有電梯，在樓梯上搬運行李出站時非常吃力，最後是靠著好友一人抵兩人，連我的行李一起扛上來。

出站後走一小段路彎進巷弄間，才看到 K's House 的鮮豔外牆。透過大片落地窗看到交誼室有幾落書櫃、公用電腦桌、沙發區，後頭還有一個開放式廚房，廚房旁是日式塌塌米的平台，上面有張和式桌與電視。

櫃台值班的女孩，英文十分流利。語言不流利的一直是我們，但旅行中，語言從來就不是大問題。確認房間後，走道盡頭出現令人感動落淚的小電梯一座。解救了我們的雙臂，當初選擇這間旅館，是因為離羽田機場不遠，可以節省許多轉車時間

但是，打開我們預約的 Twin Type 房，一眼就看完。真的很小。藍色地毯，淡藍色窗簾，加上每人一床藍白條紋的棉被，要假裝自己是正在航行途上的小水手，一點也不難啊！

Twin Room

蔵前 K's House

TOKYO

· 晚上整理行李時，另一人就得去盥洗，
以舒解空間不足的問題。

· 床舖是走海軍風格的藍白條紋風！

蔵前離淺草不遠，卻不在 JR 線上，因此，都要搭 PINK 大江戶線的上野御徒町下車在出站走到 JR 的上野搭山手線。

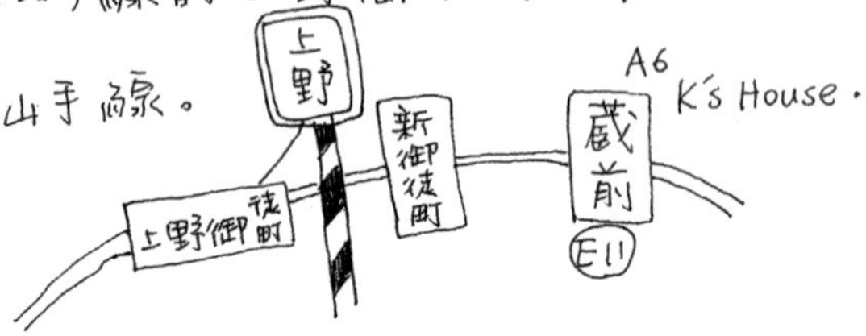

上野

新御徒町

蔵前 A6 K's House.

上野御徒町

E11

K's House ケイズハウス東京

〒 111-0051 東京都台東區蔵前 3 丁目 20-10（近都營大江戶線蔵前站）

電話 +81-3-5833-0555

傳真 +81-3-5833-0444

網站 kshouse.jp/tokyo-j/index.html

信箱 tokyo@kshouse.jp

但室內空間有多小，只有在晚上我和朋友兩人回到房間，整理行李箱時才實際感受得到。扣除靠窗的上下舖床位，把行李箱打開後，剩下的空間僅容一人站立，另一人只好離開現場，先去盥洗。

房間極小，共用的淋浴間也沒多大，但乾乾淨淨的符合它應有的功能，旅行者入境隨俗，很快就習慣眼前的一切。

住宿 K's House 時，晚上盥洗後拿著從超市買來的簡單食材到廚房烹調晚餐，發現亞洲住客會在晚間相約下樓看電視，歐美住客則多排隊等候使用電腦網路、或在沙發上吃零食小酌聊天。使用廚房的住客倒是很少。大概只有我們這種想把外食餐費省下買書的小氣背包客，才會願意在步行一天、疲憊旅途後還花時間在廚房煮食，餵飽自己。謹慎的夾起滑溜的烏龍麵條，放進嘴裡吃下一種簡單的滋味，期待著隔日出發的路線會看見更多不一樣的小風景。

早晨的出發，自如同聯合國宿舍般的 K's House 邁開步伐，從小巷轉角後迎向街道，聽到各種聲音來到眼前，往前走些就是淺草寺商店街，或著選擇遁入車站的地下道朝更遠的地方出發。旅行是一種用自己的時間換取「想過的生活」方式，在類似日常的步調中，任性地調撥時間的步伐，讓自己能遇上一種美好的感受。

與台灣接軌的
池袋之家

即便有一起出發的朋友，但每個人的旅行、散步路線不同。我們選擇早上一起出門後便各自攤開地圖出發，中午約地方碰面吃飯（這也是一種探險），等到傍晚時分依著夕陽帶著滿足和當日戰利品一塊兒回到旅館。

其餘的，便是一人旅行團的獨處時光。

一人旅行時，從嘴巴蹦出的聲音比平時少了許多。也許是處在一個陌生城市，一時模仿不了當地的語言，於是out的動作越來越少，in的需求擴大許多。看得見的、聽得見的、嘗得到的，無不用盡全身去感受。回到旅館後，扭開電視轉到哪一台都無所謂，螢幕播著西片，配上的是混著男聲和女聲的日語配音，一種異次元奇妙感讓我逐漸漠視語言的發聲。

就這樣，電視螢幕上的光影持續替換，但影像之後的資訊是一點也無法輸入到我的腦袋裡。

旅途中有一回住進池袋之家民宿，這才像是把翻譯軟體

池袋之家 House Ikebukuro
〒 171-0014 東京都豐島區池袋 2-20-1
電話 +81-3-3984-3399
傳真 +81-3-3984-3999
網站 www.housejp.com.tw
信箱 housejp@sepia.ocn.ne.jp

裝進電視盒子裡，終於讓我和這個世界對上頻道。其實，不過是因為民宿裝了小耳朵衛星，可以接收到台灣的電視節目，不管是新聞、談話節目或是綜藝節目，通通都聽得懂了！

早晨出門前，走到一樓後方的廚房，也是主人和旅人們共用的餐廳，自助式的早餐可以在烤吐司的時候選擇果醬或是奶油，飲水機的按鍵可以選擇熱開水泡茶包或是接上一杯熱咖啡。配著即時的台灣晨間新聞，不知不覺多中吃了一份吐司。

像尋常南部大家族使用的大餐桌上，偶爾和池袋之家的老闆娘對上幾句國台語夾雜的新聞評論。我們起身拉上椅子說聲「回頭見」，開始今日外出的旅程。

語言會拉近人的距離，也會帶來孤寂。一個在日本經營民宿，只收日幣現金的台灣人，在聽著電視機響起熟悉的家鄉話時，是否只能在如露水般存在的同鄉旅人身上找到對故鄉的思念？

走進迷人的書店風景

忘了我是什麼時候開始著迷文字的？模糊的印象是，家裡客廳的壁櫃上，排滿的套書多是字比圖還多的精美印刷款，負責挑書的不知道是爸爸還是媽媽。當時用翻書和畫畫打發大人們午睡時間的我的童年，實在難以想像這些書在作者、編者、譯者，出版社到讀者之間，要經過哪些路程。

國中開始，每星期會有一些零用錢，存到200元左右，我會到市場附近一家兼賣文具與圖書的大眾書局選一本漫畫書，那時眼中的「書局」兩字，意味著店內靠牆的那面櫃子是該擺滿各類圖書（一櫃食譜美容瘦身命理書、三櫃漫畫、一櫃中西方經典名著……），包含我最不想買的參考書。

大學時候，書是直接從校內圖書館一次搬十五本圖書借閱上限直到宿舍，書桌堆不下的通通放在床尾，左手一本右手一本交叉著看。

但我試想書的中繼站，不是書局也不是圖書館，應該是「別的處所」。

直到跟著好友南西一起旅行日本時，才在每日每日悠閒又積極的書店風景中慢慢窺見「屬於書的處所」。

那是台灣書業被大型連鎖書店和網路書店一起分享出版銷售的年代。現在，網路書店的銷售量成了一種指標，多元化經營也在書店身上看到。讓我想起兒時的書報攤，一個小小的亭子，也許還是木板搭建，裡頭塞進一人後就容不下另一人，亭子可以有三面窗，正面掛滿了當日現送的各大報，也許還夾雜著讓人圓夢的研究簽牌數字的外報，窗台突出一塊木板，放些口香糖之類的順手零食，客人要來一罐津津蘆筍汁或是養樂多都沒問題，也許還兼賣菁仔、香煙什麼的。當然要問路、換零錢，買車票也都在沒問題的服務範圍。

這是書店給人的印象，什麼都齊全，要找書卻老是不齊。

只能怪我找的多是很難賣出的書，於是乎空間有限的店家只好把流轉率低的書都給退了。

然而在京都、東京這完全不同的日本大城市裡，要找到「我是獨一無二的書店」，並不是困難的事情。在這裡，和別人不一樣，也不需要和別人一樣，成了很自然的事情。

能找到專賣兒童繪本的，也有專營給大人看的繪本書店。去了幾處，瞭解一件事情，想認識哪種背景的經營者，就去什麼樣的書店。

與其說他們在經營一家商店，不如說書店人在經營一個社群。

人生會有許多夢想去實踐，但未必事事都能進行順利，在日本旅行的途中，和那些有美好夢想的人相遇，也看見了許多「別的處所」真實的存在，經營困難的也有，但是樂在其中的更多。

旅途進行中，我所能紀錄的可能不及他們每日實際應對的千分之一，我能做的只是儘可能保留住第一次見面所看見的書店風景，那般的美好，以及對夢想的努力。

祇園書房
京都長頸鹿兒童書店
只存在旅人回憶的書店——

唯一找到能證明我到過祇園書房的，除了購買的書籍外，就只剩下這張在熱鬧的宵山活動中拍下的書房招牌。

長到一個歲數，在心裡總是有些喜好與排名。不是爲了評價，而是一種與時並進的情感，認識一家店，好像認識一個朋友，認識多久，情感就存在多久。

有的朋友久未聯絡，但是因爲知道他始終在，即便是出國搬家，都還是一種on的狀態。一但連絡不上時便開始擔憂各種可能，直到結果揭曉，心是放下了，但也帶著一種無法重來的遺憾。

看見喜歡的書店，即使只是在旅途上第一次踏入，都會在心裡長久地佔了一個位置，即使再沒有機會經過，還是會爲它的消失而難過。

祇園書房
〒605-0074 京都市東山區祇園町南側573－4（原址）
2006年10月閉店

きりん館
〒606-8202京都市左京區中大堰町157（原址）
2008年12月28日閉店

那一年夏天，在京都長頸鹿兒童書店，以及京都祇園書房，大概就是這樣的情感。當然在相遇的時刻是無法預期分離的情景。

祇園祭是整個京都夏天最熱鬧的傳統祭典活動，那幾日在京都停留的旅客都感受到這千年之都熱鬧的一面，我們從晚上的活動會場離開，沿著古老的商店街屋簷下走，看到有趣的店舖就走進去。

我純粹是因為店舖裡擺滿了書而踏入的。不是太特別的書店，但是書台上擺了一台祇園祭典台車的模型，最顯眼的區域擺滿了以「京都」為主題的各類書籍和雜誌。不識日文的我拿了幾本翻著，拙劣的模樣應該很快就被看穿吧！挑了一本圖片較多的書至櫃台結帳，請店家幫我包覆印有店家資訊的牛皮紙作為書套。在日本處處可以感受到細緻的體貼，但沒想到這張充作書套的包裝紙竟成了我到過這家已經消失的書店的直接證據。

想著，面對消失的事物，除了不太牢靠的記憶，還能怎麼去憑弔。能夠觸到從店裡帶出來的一本書，或是店家親手包裹的心意，便知道踏實兩字是怎樣的重量。

有時候價值會淡淡的自懷著憂愁的夜裡暈開來。

如果它還在，那麼它在我的心裡就是一個夏天夜裡走進、停留過的書店。但是現在在那裡的是其他的空間運用，它的歷史被壓在那些地板貼面之下，它的過去在每一個走進店裡的客人回憶裡。迎接未來當然是值得期待，窗明几淨的落地玻璃，自動門開開關關……在我發現的時候，書店已經成了便利商店，一個服務對象多數是陌生的旅客，一個服務對象是在此地生活的居民，我是一個在深夜網海中搜尋到此則訊息的無關緊要人士，卻也還是爲了這個改變而感到一絲的無可奈何。

改變有很多的原因。現實，是一個很沉重的擔子。

那個熱中於自助旅行的盛夏，從百万遍市集走出來，和南西聊著在市集裡看到的畫面，穿過馬路，一位穿著長裙戴著寬緣帽的女士騎著淑女車經過人行道，清脆的車鈴聲還在耳邊，騎車的身影已經移動到對面。

散步時聊天是盡興未止的，除非另有引人注目的目標出現。譬如說這棟黃色的建築，看見它的第一眼，我只能用一種食物來形容——乳酪，是卡通裡老鼠們最愛的那種造型十分完整的三角形塊體。

粉紅色的方塊招牌燈「きりん館・children's book」字樣旁邊是一隻長頸鹿的剪影圖樣。店裡書櫃不太高，畢竟是兒童書店，除了賣書，也有一些益智積木等玩具，書店裡除了滾來滾去的小孩們，陪同的大人有媽媽，也有爸爸。以往在台灣書店的兒童書區陪伴小孩的多爲女性，這可顛覆了我的印象。

整條街呈現出夏季祭典の風味，I Love it!!

我和 yao 到處逛，我想買一個山鉾車模型帶回来，
可是不便宜将近 2500 羊。還是買不下，卻在祇園
書房買了二本書。哈！ 結果價錢還超過一台車。

誰叫我對好の印刷品沒抵
抗力。

KYOTO
MOSAIC

京都
ノスタルジック
散步

なつかしいもの、たくさんあん。

青幻舍

本体価格7,200円＋税

http://www.seigensha.com

祇園書房 書籍・雜誌・地图
京・祇園・花見小路曲入
電話(541)0660番

在京・祇園書房裡看到好多書都想買。
yao 趁著我昏頭時到隔壁排什利園的
隊，貼心的傢伙，然後，我们到花
見小路上の地藏廟慶誠の拜拜...
希望接下来的行程很順利。

きくちいま
KIKUCHI IMA

わたしの好きは
和の生活

かわいい、楽しい、あったかい！

和雜貨

http://www.imappage.net

河出書房新社／きくちいま
菊池衣麻

本体1400円（税別）

きりん館是間小巧的兒童繪本書店。充滿笑聲。
可惜。只存在記憶裡。

察覺以往不以為意的細節，這就是旅行的意義。原來，陪伴小孩並不單是女性的責任，至少在京都的這家兒童書店裡，看到爸爸蹲下來陪小孩閱讀一本童書，我在小孩專注聆聽的神情中看見父親的角色。

きりん館內十分的迷你，原來這樣的空間大小也可以是一家書店。要拖鞋才能進入的小房間裡也進行著親子活動，由書店的店員帶領著進行。我在高高低低的書櫃上找著可能感興趣的圖書。

《小王子》的拼圖書是我在きりん館的收穫，回台後和其他的日文書刊戰利品一起收在床底的整理櫃裡。兩年後，在網路上再次搜尋きりん館的資料才發現，這間小書店已經歇業，在日文網誌上讀到，きりん館自1970年代中開始經營，剛好是日本人口迅速增加的時期，到了2000年左右，生育率降低，這類的書店經營逐日出現困難。

踏進書店的人抱持的態度非常直接的左右了書店的生存。即使那日書店裡有許多大人小孩，參與活動的人也不少，但對一家書店來說，書本販售才是最終的營收。

這樣的體悟，也影響我面對獨立書店、連鎖書店和網路書店時的態度。

這些想法，是我旅行結束，回台灣接觸獨立書店兩年之後才逐漸感受到的。

許多自助旅行者到了京都，會到這裡來，然後描述著眼前所見的一切。也許我該這麼寫：

「有些斑駁的藍色油漆底下寫著我看不懂的日文字。看不懂日文對我說沒有太大的阻礙，我喜歡從空間去接觸希望我們可以早點一個陌生環境。

我的京都書房惠文社

以及

透露著幽默的萩書房招牌

它的外觀大致是木頭和玻璃組成，一個樓層店面，有兩個入口，窗台上的玻璃有白色文字，以及點綴的綠意。還沒到中午，透過窗子可見店內已有不少人，以及從書櫃反射出的溫暖褐色調。我走進惠文社，先見到一張擺了許多圖書的大木桌，有隻小熊坐鎮其中。我用心底的相機為這個畫面按下快門。」

但，我的筆記本上只有短短的文字。

在惠文社遇見了「月光莊」的速寫本，要當作伴手
禮送給畢業後仍持續創作的朋友。

惠文社的購物包裝袋。

「惠文社是我到日本進入的第一間書店，印象十分良好，雖不若台灣的各式連鎖書店那般明亮，但實在有它獨特的氣質。讓人想一直待在像這樣子的書房裡，蹲坐在一個小箱子上，攤開來，閱讀它的生命。」

這些年，每走進一家新的獨立書店，我就會不經意的想起這次旅行對我的影響。行程表某日的上午，寫著「惠文社」三個字，只要晚一年去惠文社，也許我就不是現在的樣子了。

或著說，我在惠文社看到書店的另一種樣貌。

以書店來說，這裡真的是充滿會讓人過度放鬆的暖色調光線。靠牆的書櫃延伸到天花板，中央的分隔書櫃落在不壓迫的高度。我拿起一本雜貨書翻了翻又放下，拿起一本食譜書翻了翻又放下，拿起一本繪本翻了翻又放下……

語言不通只有在閱讀的時候才會造成隔閡，但是如果真的想要瞭解一個文化，語言未必是唯一可能的途徑。

我在這裡挑了兩本「月光莊」的速寫本。速寫本封面有白色的「GEKKOSO」字和白色號角圖形搭配不同的封面底色。不管選擇哪個顏色，都讓人覺得「畫圖是一件受到讚美和鼓勵的事情」。往店內另一側移動，傳來麵包的香氣，也有許多的廚房用品和生活布料雜貨。

這是一間透著呼吸和生活感的書店。

那日離開惠文社時，我沒有下手任何一本日文書，即使
那次旅行後多次談到自己有多喜愛惠文社，甚至私自把
它稱作我的「京都書房」，在我向它道別往前走時想著，
只要再踏上京都就是再次來訪的時刻。

過了這麼多年以後，那日在惠文社探索似的漫步對我的
影響也愈發顯露。我揣想著把一家店當成生活空間經營
的心情，店家和顧客間有著不僅買賣的供需關係，或還
有著更多其他的情感，在架上出現的書都有除了銷售以
外的存在理由。

那是在我還沒認識「獨立書店」的時期遇上了惠文社。讓
我見到一家以書店發展的店舖，居然能有這麼多元而自
然的方式存在於非常靜謐的區域。

我相信沒有什麼夢想是不值得去實踐的。

實踐的過程也許會有很多的關卡，但是努力的時刻，也
要帶著幽默。

書店裡外由窗相互借景，也是一方美麗的風景。

惠文社一乘寺店

〒606-8184京都市左京區一乘寺払殿町10
（近一乘寺站）

電話 +81-75-711-8655

網站 www.keibunsha-books.com

信箱 order@keibunsha-books.com

營業時間 10：00~20：00（例假日除外）

在惠文社一乘寺店附近，有一家古書店，立在門口可收起的木頭三角店招上有顯眼的幽默存在，讓在正中午急於尋找用餐地點而經過的我們忍不住停下來研究。

招牌是一個穿著忍者服裝的戴眼鏡男子，做出一個極為誇張的動作，待我們進到不大的店裡，看到走道盡頭戴著眼鏡在櫃台專心看著書的那位先生，馬上連結門外店招上的圖像。真的很像……

我買了《グリコのおまけ》（筑摩書房，1992年發行），雖是舊書但保存的非常乾淨，裡面刊載許多小玩具，例如小孩買的零食盒裡頭會附贈的塑膠玩具或是紙製模型，是一本古樸的盒玩圖鑑。

的確是一本很適合從萩書房帶走的書。

萩書房一乗寺店

〒606-8115 京都市左京區一乗寺里の西町91-3
（ロイヤルコーポ大同1F中店舗）

電話 +81-75-712-9664

網站 web.kyoto-inet.or.jp/people/kosho

信箱 kosho@mbox.kyoto-inet.or.jp

在ポポタム書廊
遇見
山川あかね的布偶世界

旅行中，偶有天氣不好的時候，看著行程表的目的地，我們決定還是撐開雨傘踩著早就溼透的鞋子前進。抵達東京後，一連好多天都等不到好天氣。為了抗拒從京都移動到東京後的心情適應不良，我們在每天早餐過後繼續出發，在快要軍心渙散前抵達一家小店，看見不同的生活，不同的理想被實踐，我們在心底開出了一朵一朵堅韌的向日葵。

好天氣或是壞天氣都是老天爺給的，好心情或是壞心情，總得在一天結束之際才能總結出，旅行的回憶在離開後便開始發酵。一回想這隱身在兩個車站間住宅區的兒童書店畫廊，身體就自動感應到東京夏季潮溼的氣候。當時，我們像是走在有如迷宮的巷道中，嗅著甜食的味道前進，自住宿的池袋之家出發，腳程約十分鐘，

```
乘車券・新幹線特急券 ＊＊＊＊＊＊＊
■■■■■■■…・乘車券 4日間有效
京 都（市內）➡ 東 京（都区內）
7月18日（10:00発）（12:43着）
ひかり366号 12号車4番B席 ㊦40
¥13,220 內訳：7,980・特5,240

券面の都区市內各駅下車前途無效

'18.-7.18京都駅MV803（3-夕） 30472-02
```

找到這家被我叫做「河馬兒童書店」的「ポポタム書廊」。

書廊名片以及印章上的圖樣都有隻屁股上站了一隻鳥的大河馬咬一本書。連早已不是小孩的我看了都會心一笑。ポポタム的經營者是一位罩了件工作圍裙的男性，慈祥的面容像是疼愛小孩的父親。室內不太大的空間，兼營兒童繪本販售以及畫廊，也販售手作雜貨與玩具。

展覽是獨立在小房間裡進行的。我們拜訪時剛好有一個四人聯展展出，其中我對山川茜（山川あかね）的作品印象特別深刻，幾乎是一眼就被吸引住了。她在薄胚布上進行繪製，將布剪下縫製成布偶，這些布偶有不同的造型、圖案，和表情，卻都張著大眼睛看著我。雖然他們只是塞滿棉花的布偶，卻好像能夠看見我的內心。

我在那間小小的展覽室一角來回踱步，無法抉擇是否要把後面幾天的餐費挪一些出來，把我最喜歡的一件作品帶走……

南西在外頭和老闆聊天，也挑到想找的繪本，走進展覽室看我這麼煩惱，問了布偶價格後，勸我千萬要放下。最後挑了一個用牙籤、紙板和布片組成，只有六分之一價格的小玩具代替，以及在現場描繪最喜歡的那只布偶的筆記本，撐著傘走在來時的小巷中，一步一步把遺憾感踩進水花倒影中。

ポポタム書廊
〒171-0021 東京都豐島區西池袋2-15-17
（JR目白站步行7分鐘）
電話 +81-3-5952-0114
網站 www6.kiwi-us.com/~popotame/shop
信箱 popotame@kiwi.ne.jp
營業時間 12：00~19：00（週日、週一公休）

ブックギャラリーポポタム
東京都豊島区西池袋 2-15-7

從池袋之家走過來約10分、在池袋和目白的中間
住宅區巷道中、

下雨天找
路有点像
差不太難。店裡販售雜貨、本、
有一半的 space 是展區。

ちょうちょう
¥8,000

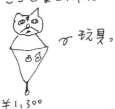

ここぴょこにゃん

ア玩具。

¥1,300

山川あかね
Oha4685₂326291f@
ezweb.ne.jp

1983年岐阜縣生まれ

企業化經營的
新古書店
BOOK OFF

這並不在旅行計畫中，而是在看完展覽，午餐後走到車站準備轉車時，看見一間超大BOOK OFF，我和南西對看一眼後就決定過馬路到對街去看看傳說中日本第一的連鎖二手書店。

在荻窪車站對面的這一間，幾乎是量販店面的規模，只是內容物全是經過整理的二手書籍、影片或是唱片，並且有系統的分類上架，隨便抽一件出來，也不會有破損或是髒污的情況。我心想，把一個人矇上眼罩帶進店裡，取下眼罩後，告知這裡是圖書館，應該也不會馬上被識破吧！

在日本買新書，不管是在網路或是任何實體書店購買，價格都是一樣，只有當書本成為二手書時才會有折扣。但在所謂的古書店，書本的標價會因為各種因素而變

動，若是珍本，可能因爲收藏者眾反使售價比原定價高上數倍。但在BOOK OFF，會先依書本的保存狀況分類收購，再依書本定價作爲買賣的參考值。又爲有足夠空間流通，超過三個月沒賣出的書籍或同一商品庫存超過五件，第六件起就會被移至一百日圓專區。這樣的經營方式讓BOOK OFF被冠上了「新古書店」的稱號。

我也在這裡找到了喜歡的女歌手一青窈和坂本龍一的CD，和其他幾本書況幾乎全新的書籍雜誌。

有許多人討論BOOK OFF存在的優劣。回收書籍再售讓資源循環，或因價格便宜而產生鼓勵閱讀作用，是完全切合消費者的需求。但這些自然影響傳統書店的生意，甚至出現書店因圖書被盜過於嚴重而倒閉的新聞，對於以收取版稅爲生的漫畫家或作家來說，損失更勝。

布偶也有"寫真集"。多達+五種的動物造型擬人偶放置在各種情境場景中，塑造出不同的角色性格，十分逗趣。

《ともだちのしゃしん》，1998

1997年吉卜力工作室推出《魔法公主》，小學館同年推出動畫紙上劇場故事書，除文字外，也搭配電影畫面的全彩插圖。

《もののけ姫》，1997

為了快樂生活而存在的 style book，精選開頭 A 到 Z 的關鍵字和商品，有關風格、材質、設計理念等。

《happy style A to Z》，2000

i

BOOK OFF 荻窪北站口
〒東京都杉並區天沼3-3-3
電話 +81-3-5347-5098
網站 www.bookoff.co.jp
營業時間 10：00~24：00

BOOK OFF 販售的書籍整理排列的秩序邏輯很清楚，在店裡花
一點時間就可以挖到不少寶。

台灣的圖書出版業也面臨許多問題。台灣每個月新書上
市量可能是全球數一數二，為了銷售競爭，多數連鎖書
店或網路銷售平台，在新書甫上市便降七九折。新書的
壽命在這些折扣戰場上越來越短命，不用一年的時間，
讀者在網路書店六六折優惠區就能「撿便宜」。「撿便宜
的心理」或許就是圖書銷售制度改變的最大原因，對消費
者來說，十年前的書本定價大概是現在的六七成，在折
扣帳面上看起來是撿到便宜了，但換算下可能不是價格
數字的波動，而是整個出版書業和銷售制度的健康體質。

神保町書街
以及一些關於
舊書攤、書街的記憶

神保町，本來出現在書裡，後來出現在車站牌上，然後出現在我的照片和筆記本裡，現在在我遙遠的回憶裡。

神保町在東京，以出版社和學校多而聞名，因而聚集許多書店以及古書店進駐。如果要能找到一條聚集這麼多書店的街道，在我記憶中能說得上的，也只有1990年以前城裡那條各種書店林立的重慶南路書街。

假日沒事的高中生在中午吃過飯後，拿著公車票卡（吸入式打印乘車日期的那種磁卡）轉兩班公車進城去，進出一間又一間的書局、文化廣場、書社，還有一疊一疊書很便宜賣的倒店書賣場。總是從街頭走到街尾，一本書也沒買，偶爾貢獻了一些零用錢給路過的麵包店或速食店。腦袋未因書本增長了知識，卻好似沾染了書香氣質也順道練了走路的好體力，回到公車站等車再轉兩班車回家，剛好可以趕上餐桌的晚餐。

神保町  半日游。天氣陰涼無雨⋯⋯略乾嘛!

買了本 自遊人の神田神保町，315円。也許在日本買
書只有在古書屋裡才有折扣
這回事。2小時時間、買了
四本書花了約2500円、划算!!

在那個出版社不太多的年代，能被稱爲作家出版書籍的，通常經由文學獎或是雜誌、報紙投稿等管道一步步累積。那是沒有個人部落格的時代。

行前反覆翻著《神保町書虫》，端詳一張張古書店空間插圖，腦中浮現的是現已不存在的光華橋地下室的舊書閣。步入地下兩三階，左看右望，觸目所及能夠形容的大概就是「書香滿室」。舊書的潮溼味夾雜夏日的汗臭味，作爲隔間的木板牆面幾乎被書架取代，從牯嶺街時代後移植來舊書和雜誌，整套整套武俠小說也排滿整座牆室，二手電影專賣區擺出 VHS 和 Beta 不同規格的錄影帶，隔壁就是卡帶區，青少年最愛的日本漫畫、海報或是電視遊樂器卡匣也能找到。

放下書本，揉揉眼睛甩去腦中的想像。拿著車票出剪票口，和同行友人約中午用餐時間後就各自散步神保町，沒有任何特定目的地和目標，手上捏著的是車站提供的神保町街道地圖摺頁。

「未知」是旅行中最尋常的一部份。

有的店開在大樓裡，有的在商場中，有的就在馬路的轉角。古書店的櫥窗裡不吝惜的展示收藏的珍品古書，在夾雜漢字的海報中我認出了「小津安二郎」的名字。目光移到那禎黑白人像照片，若讓這位日本導演拍一部以神保町為背景的電影，會安排多漫長的鏡頭拍攝這條街，會透過多細微的日常生活去呈現這條街的生活。

侯孝賢的《珈琲時光》有幾幕符合我想像的空間節奏。

日籍演員淺野忠信飾演古書店老闆肇，在導演鏡頭搖轉中，書櫃隔出的細長走道盡頭，年輕的書店老闆為作家陽子（一青窈飾）找到與她夢境情節類似的繪本《在那遙遠的地方》（Outsider over there ）（莫里斯．桑達克，1981年出版），翻開哥布林偷走愛達的妹妹那幾頁畫面，鏡頭站在肇的背後，看出去的是一室乾淨的光線，泛黃老舊的書冊平躺相疊，整齊擺在書櫃格子裡，就像所有過往的回憶，早已失去秩序和現在的人生斷了連結，但是翻開了，會一直存在的便是那些怎麼也放不下忘不了的。純淨的事物會一直在心中佔一個角落，有些人在這樣的畫面裡彷彿該要長久存在，如同打印在泛黃書頁的鉛字痕跡，不會隨著時間而褪去。

古書店在新書出版量越來越大的現代，就像一只整齊放著舊書的櫃子，總是收納一本一本從不同人手上釋出的字句紙張，然後等著被下一個需要的人攜走。我們在不

在櫥窗看見小津安二郎的名字或是街角牆上一張破損不堪的《珈琲時光》的電影海報，都讓我覺得自己是屬於這裡的。

同的過去追尋著難以描述的記憶，也在大大小小不同風格的古書店找尋記憶中讀過的、聽說過的那一本書。尋找的本身也增加重量，卻是我們樂於負荷的。

我在這裡，爬樓梯或搭電梯走進小小的書室，讚嘆著古書店主人的收藏。在街道轉角的櫥窗閱讀著帶有時代韻味的漢字招牌，我也融入這樣的風景裡，找到那些午後進出許多家書店的滿足心情。

參考網站：
BOOK TOWN じんぼう | jimbou.info/index.html

菩薩在哪裡——
訪三十三間堂
國立京都博物館

清水寺和三十三間堂在第一次旅行日本時參拜過。雖是幾個朋友組成的自助旅行團，但是每天排的行程可也不少，除了我以外，其他三位都是理工科背景，甚或有按表操課，使用說明至上的情操，每個半天的行程至少要踏遍兩個以上的世界文化遺產或是旅遊重點。我的脫軌行徑從第二天早上開始顯露，在車站的Mister Donut吃完甜甜圈後隨即就把剛到手的「Kansai Thru pass-3 days」公車卡和餐盤一起回收。那個早上的預定行程是參觀三十三間堂和京都國立博物館。搭上公車，下車前才發現票卡不見了，於是我就像是翻到一張命運牌——返回起點，回車站的旅客中心重新購買一張卡，再前去三十三間堂。

我始終習慣一個人看展覽。即使和朋友同行，也會走快走慢的刻意區隔距離，我以為欣賞的行進是很個人的行為，實在無法共同行動，討論時多少會打斷思緒。原本以為遺失票卡是倒楣的事情，沒想到卻換來悠閒的半日。

「三十三」是一個規模單位，二根柱子隔出的空間就稱爲「間」。曾經在大學東亞藝術史的教材裡查過幾個日本重點文化遺產建築，從中央圖書館印出的英文資料上的照片，就在眼前。獨自一人步入這年老的木建築，心靈的煩躁因爲空間改變而轉換了，木造暗室中，千尊觀音立像在前，時光停止在行列間。木頭被工匠們雕刻成佛像後，以這樣的姿態存在著。把每日的時光壓縮快轉，光線的移動、人的移動，相對這座穿越百千年、歷經大火重建的建築，都是輕盈的。

在三十三間堂，我注視著放在案頭上的一千零三十三尊觀音像；在京都博物館也看著住在玻璃櫃裡頭的國寶級佛像。

信仰虔誠的人辨識觀音、菩薩、羅漢的方法，是類口耳相傳，是以文字或是語言說明而理解，帶有情感與依附性；而通過藝術認知，是經由分析對象之手印、持物、面貌等客觀特徵，辨識出觀音、菩薩、羅漢的名號。

我的身份是兩者交雜，快步繞行一圈後，我站在雷神像前快速描繪。

離開前，我拿著筆記本請寺裡的神職人員幫我在其中一頁寫下御朱印。我的筆記本和一般的納經帖尺寸類似，他往前翻了看到我沿途的筆記手札，稱讚了一下，在下筆時好像更加專注，寫了一張漂亮的朱印。

蓮華王院 三十三間堂

〒605-0941 京都市東山區三十三間堂廻町657
（乘市巴士「博物館三十三間堂前」下車）

電話 +81-75-561-0467

開放時間 8：00~17：00
（11月16日-3月31日開放時間9：00~15：30）

參拜費 成人600日圓

網站 www.sanjusangendo.jp

國立京都博物館

〒605-0941 京都市東山區茶屋町527
（乘市巴士「博物館三十三間堂前」下車）

電話 +81-75-531-7509

開放時間 9：00~16：30
（4-11月週五開方到20：00）星期一休息。

門票 成人420日圓

網站 www.kyohaku.go.jp/jp/index_top.html

三十三間堂的對面就是京都國立博物館，我在一樓展室一直看著五智如來坐像，想著一個不太複雜的問題：這些塑像本來在宗教寺廟空間中，提供信仰投射以及庇護，在各種原因之下，被尊移置放於博物館，來到面前的我拿著的是畫筆而非供香，我進行視察摩寫而非膜拜，對照著立像的手印來確立角色。

說明牌寫著「奈良以來の正統な表現の伝統」，這是歷史風格分析。「平安時代前期，安祥寺」，這是作品時代以及原出處。腦中想著，平安時代奉在安祥寺的如來，和現在尊立在國立京都博物館的如來有何不同呢？

身旁不知何時走進一位身段優雅的老太太，我走出展室時看著她的背影佇立許久，不知道是否正向著這尊玻璃櫃裡的如來虔誠祈求？

淺草寺・人形燒・小吉

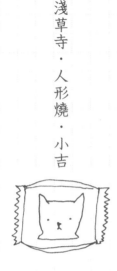

三鳩堂的人形燒有幾種
不同的造型，小鳥是我最
喜歡的。

離開日本前住的背包客旅舍在藏前車站附近，走路便能
到淺草寺。最後一個早上，用過早餐後，我們悠閒的穿
過雷門的紅燈籠，仲見世通的商店街也早早準備迎接客
人上門。

寺廟或名勝景點週邊，小攤商舖如空氣般自然的存在是
一定的。走近三鳩堂買了一個小鳥人形燒，熱熱的雞蛋
糕口感綿密，排隊人潮沒有因盛暑而減少。人形燒有各
種造型，淺草雷門、七福神、可愛動物、五重塔等，基
本原料一樣，端看站台的師傅控火功力如何。和人形燒
並列淺草三大名物的雷門、五重塔中，只有人形燒是需
要消費的，但，讓事物有價值的關鍵在質而非量。

在台灣旅遊區，常常是人還沒走到，相同的油膩味道就已經到了眼前，炸食小點冒著熱煙、湯湯水水一瓢又一瓢的舀入保麗龍餐具、攪著碎冰塊的冷飲充滿螢光顏色讓吸管也比不過。我們常感慨，台灣的老街走著走著好像串成同一條，販賣相同的食物、與地區不相干的粗糙手工藝，於是觀光客們在三峽老街吃到九份芋圓，在九份吃到深坑豆腐，到在深坑買金山花生酥……

無差別的老街，讓人找不到分辨的可能性，相當可惜。

離開淺草寺後就要準備去機場了，誠心的求了一只籤，沒特別為了什麼樣的願望，只是要感謝上天，在這趟旅途中出現一些小插曲，但是一切都算平安順利。期望接下來的日子，也如籤上的文字一樣，小小平順。

金龍山淺草寺
〒 111-0032 東京都台東區淺草2-3-1
電話 +81-3-3842-0181
開放時間 6：00~17：00（10月-3月 6：30~17：00）
網站 www.senso-ji.jp

寺 観 音 籤

ハ十一 小吉

顧望：正しい心を持てば叶う
でしょう。
...れば、何事もま

病気：治るでしょう。
悲しみや苦しみ
失物：出てくるでしょう。
待ち人：現れるでしょう。
心のままに集ま
新築・転居：良いでしょう。
旅行：良いでしょう。
わり、繁盛して
結婚・付き合い：良いでしょう。

SMALL FORTUNE

...he heaven, everything in your life will be successful
...that you worry about will change to be good.
...ll come to you as you desire.
...ss and you will be prosperous.
...realized. *The patient will get well. *The lost article will be
...will come soon. *Building a new horse and enlarging are
...Marriage and hiring a new employee are all good.

「観音籤」の由来と心得

...伝えられ、比叡山において、日本独特の吉凶を占う
...西方面で広まりましたが、江戸時代には関東にも広
「浅草寺観音籤」となりました。
...その吉凶判断には凶・吉・末吉・半吉・小吉・末小
...大吉が出たからといって油断をしたり、また高慢
...あります。謙虚で柔和な気持ちで人々に接するように
...（おそれ）ることなく、辛抱強さをもって誠実に過ご
...人は観音様のご加護を願い、境内の指定場所にこの
...ください。

...山 浅草寺

第八十一小吉

道合須成合
先憂事更多
所求財寶盛
更變得中和

温柔的力量——
ちひろ美術館・東京

ちひろ美術館中庭的花園有一排造型可愛的
小朋友的木頭椅子。沒有人坐的時候變成
一幅可愛的風景。

下課時間，幾個小女生圍著一張桌子對著郵購本欣賞著
最新一期的商品，郵購商品裡不外是些小卡、貼紙、信
紙等等，印著卡通圖案或是少女們喜歡的爛漫風格。已
經找不到當時年紀小，亂花零用錢的證據，但是在南西
的安排下，我們到東京井上車站附近的知弘‧東京展覽
館拜訪參觀。從車站出來步行前往展覽館的路途上，社
區公共空間的視覺圖像也融入岩崎知弘（いわさきちひ
ろ）的兒童插畫，當作社區看板或是展覽館的展覽通告，
散步其中讓人以為是這個美術館造了一座小鎮。

東京的ちひろ美術館在花園裡，紅色的建築被花草樹木
包圍著，裡頭的溫度應該比外面低。買門票進入，經過
一條擴增依附在主建築外的長走道，一旁的落地窗戶是
剛才經過的花園綠意，按下通道的自動門進入展區。

如果時間足夠，坐在戶外座位區和老奶奶一塊分享陽
光，時光也會變得迷人。

這裡的環境和岩崎知弘的作品一樣有如冬天的初陽，傳遞溫暖卻不矯情，鉛筆線條和色彩很舒服地停留在畫紙上，空白之處讓畫面有呼吸感與適當節奏。

她的作品在傳達兒童與和平。一開始畫油畫還因為畫風太過柔和而受批評，後來開始與兒童雜誌合作封面，以孩童為主題的創作成了她的特色。經歷過戰爭，讓她更瞭解和平的意義，曾經描繪戰火下的兒童，表達對美軍全面襲擊越南的關注，以繪本形式對兒童解說日本憲法第九條，主要內容包括放棄戰爭、不維持武力、不擁有宣戰權。

東京的展覽館是以岩崎知弘生前故居擴建，展覽空間也保留她使用的書房，我站在書房前，筆記本攤平的全新頁面上用線條重現書桌、椅子、沙發，桌上的畫紙、水彩調色盤、訂製的畫筆架……，想像她在這裡創作的時光，也許夏天聽到蟬聲透著陽光，夜裡雨聲滴答滴答響，電風扇馬達嘎啦嘎啦的轉著葉片。創作者的時光被注入在作品當中，人們在閱讀欣賞時總要揣想創作是在什麼環境下完成的。我不用觀景窗留住而嘗試眼睛刻入腦海，是想要猜想這些器物擺放的考量，小瓷盤的顏料和時間共存，椅墊上的皮面已經磨至紋路漸消，創作者需要投入大把時間大把情感，才能轉換成一筆色彩或一句文詞落下。

岩崎知弘的書房大桌上擺滿
作畫的用具和資料，充滿溫
柔的畫作，就是在這裡誕生的。

喜歡岩崎知弘女士筆下的兒童，背著書包戴著黃色的學童帽，穿雨鞋撐一把紅傘淘氣的踩水前進，或是趴坐在地板，好像注意到前方有趣事物的小臉抬起透出的表情，在花間嬉戲的孩童露出無憂的臉龐。鉛筆線條自然呈現柔軟筆觸，搭配水彩暈染上色，總是透著溫柔與關愛，心中不由得把孩子和希望聯想在一起。岩崎知弘女士希望用創作為兒童注入力量和希望，在他們長大後，繪本的力量會留在心中，當他們遇到艱難痛苦時能夠想起這些溫柔的力量，渡過苦厄。

要說ちひろ美術館是個家庭美術館也不為過，館內貼心設置哺乳室，樓上圖書室除了收集、展示與岩崎知弘相關的出版品外，對面就是兒童室。圖書室角落書櫃上放置參觀者的留言本，翻開看著各國訪客的細語，只有兒童的笑聲不分言語的傳進耳裡。穿過展間，樓下的咖啡室飄著香味。

館內不定期舉行其他繪本畫家的原作展，這天看到的是已逝繪本作家長新太的作品展。

一開始我對長新太的作品印象是一隻瘦弱的獅子，這隻獅子也出現在神保町的一家兒童專門繪本館的繪本互動影像裝置裡。在ちひろ美術館時，小孩們被作品上鮮豔的顏色和逗趣的圖畫吸引，我則是被其中的《長新太のチチンプイプイ旅行》吸引，用漫畫的手法畫著長途旅行的日記，雖然看不懂日文，卻還是能夠理解旅行中的趣味來自那些不同於日常生活的眼界。

不管是長新太作品中的幽默趣味，或是岩崎知弘繪畫中的溫柔，每個人都有自己想要走的路，每個創作者都有想要達成的目標，那麼我的呢？日常生活很迷人，移動的風景卻又緊抓著我的目光不放。該怎麼向世人說出我的創作主張，是我從現在開始要好好思考的。

ちひろ美術館・東京
〒177-0042 日本東京都練馬區下石神井 4-7-2
（西武新宿線上井草站下車徒步 7 分鐘）
電話 +81-3-3995-0772
開館時間 10：00~17：00 週一休館
門票 成人 800 日圓，高中以下免費
網站 www.chihiro.jp/tokyo

搭上龍貓巴士
前往吉卜力美術館

吉卜力博物館建築外觀

三鷹之森美術館週邊可見到特製的形象指引牌。

東京行程的安排是麻煩好友南西處理的，我只列了兩個一定要去朝聖的地方，一是有一座仿藝術家奈良美智工作室小木屋在其中的 A to Z cafe，另一個就是三鷹車站附近的吉卜力美術館。

在車站的南邊出口有接駁公車前往，天氣好時也可以步行十多分鐘抵達。

吉卜力美術館的參觀券發售控制於每日的參觀人數，出發前先連至官網查詢餘券狀況。我們事先在台灣透過旅行社購買指定日期的預約券，在開放時間前抵達館區，和南西在旁邊的雜貨店帶了兩個御飯糰當作早餐。

整座園區分成幾個部份，主要功能還是在動畫教育、吉卜力的作品展示、土星劇場的短片播映，還有不定期更新的特展區。票價的設定針對不同年齡層分成五種，最高 1,000 日圓，最低 0 圓。

館內規定不能拍照，希望參觀者可以透過自己的眼睛把這個世界收進回憶裡。我比其他人幸運，還能用畫筆稍加紀錄。走進吉卜力美術館，花了一點時間適應，才終能細細觀察各處設計的巧思。譬如入口小廳的天花板上有個太陽臉，每道門廊上方都有不同的動畫角色玻璃畫。廁所前不斷有遊客進進出出，原來裡頭的水龍頭把手也帶著小驚喜。

每隔二小時，入口處就會再開放遊客進入，所以參觀動線上唯一的要求就是要順向前進，避免造成前段的展區塞住。我和南西觀看的點不同，進入後就各自參觀，等到土星劇場（Saturn Theater）的播放時間前再一起會合入場。

吉卜力的長片製作耗費龐大的資金和人力，主題設定還是以能獲得高票房爲主要目標。短片類的作品則會讓新人團隊參與製作，只在吉卜力美術館裡的土星劇場播映，歷年短片也會出版繪本，供影迷收藏。當日在土星劇場播映的是買下星星的日子〉（星をかった日，2006年1月開始播映，片長16分鐘，改編井上直久作品〈イバラード》），講述一個少年離開家鄉到一處農場勞動耕作。有一天，來了兩個人，想以星星的種子和他們交換農作物。少年把種子種下，星星一天天長大，變成了一顆小行星，跟隨著少年。一天，家鄉的警察找到少年，要把他帶回去，他只得跟自己的小行星分別⋯⋯

→動畫膠卷片

入口大廳的上方有個凹洞,太陽在 smile。

從國中開始看宮崎駿的動畫,非常非常喜歡!!

終於有一日  可以帶著朝聖的心情來參拜。

而且、館內 有許多的設施可以瞭解一

部動畫片 是如何做出来的。

擺台上方的太陽♥

在工作室の房間裡、有好多桶

用到剩下 5公分左右的色鉛筆…

動畫腳本書好大一疊、

還有宮崎 一喵 駿老 們更此

工作室人員 在趕搞的更動。

大根爺"

無臉男

~嗯~

沒錯

展館入口上方
的玻璃畫。

一啊

現場播放時，沒有中文字幕，配音自然也是日文，反而更加專注欣賞畫面的細節。我好像回到還不識字的年紀，翻著童話書繪本，故事在一幕一幕的畫面中組合起來。

土星劇場的作品除了片長較短外，製作規模和在電影院播放的長片一樣，以傳統手繪方式製作。2002年劇場推出13分43秒的〈小梅與龍貓巴士〉（めいとこねこバス）短片，算是〈龍貓〉作品的番外篇，串連約15,000張的畫面製作，呈現了相當細膩的視覺效果。

因為自己是學畫的，對於放置手稿的製作工作室——「電影開始的地方」（Where a Film is Born）感興趣，在裡頭流連許久。每看到一張細節圖，或是任何一個我可以辨認出來的動畫場景，都只能帶著感動靜默的觀看。房間裡的工作桌靠牆擺放，牆壁上貼滿影像分鏡腳本圖，鉛筆線條的初稿、畫面背景構成、角色動作的定稿，或是標上光影、顏色、鏡頭秒數的紙本。大桌子上除了繪製範圍以外盡是書籍、紙張亂中有序的排放，橡皮擦、鉛筆、水彩或色鉛筆的等用具擺在作戰位置上，桌上還有一個裝滿黃色鉛筆的玻璃瓶，每一根長度都短於手指頭。

在博物館內有許多座這樣的玻璃櫃，在放著各部動畫作品的原畫作。堆成一座影像的小山丘，眼前是個令人讚歎的小宇宙呀！！

天空之城的機器人在博物館的
頂樓，非常的巨大。

不用任何展示說明，看見的人都明白，吉卜力的動畫是手的藝術。任何人走進這個空間都會產生一種情懷，彷彿靠近一個精彩故事的核心，走到一個大成就的幕後。藝術家工作室的重現，讓觀眾、讀者和吉卜力更加接近。

建築園區的設計，在不大的空間中讓所有人如迷路的孩子般探索著。在沒有預期的轉角發現了下樓的空間，而後又循著旋轉梯攀架而上。一如宮崎駿的作品世界在天馬行空中帶著我們關心人類社會中被忽視的問題。隨著吉卜力工作室的動畫作品一部一部的推出，館內也逐年新增一些動畫作品的場景，下次再到東京，一定要更仔細的看看「電影開始的地方」。

一宮崎駿さん

ℹ️

吉卜力美術館｜GHIBLI MUSEUM｜三鷹の森ジブリ美術館
〒181-0013 東京都三鷹市下連雀1丁目1-83
（都立井の頭恩賜公園西園内）
電話 +81-570-055777
入場時間 10:00~18:00，週二休館
（每二小時開放一次，每次開放三十分鐘入場。最終開放入場時間為16:00~16:30）
入場費 大學以上 1000日圓、中學 700日圓、小學 400日圓、
四歲以上幼兒100日元圓、四歲以下免費。
網站 www.ghibli-museum.jp

三鷹の森 ジブリ美術館・BUY・BOOK

《龍貓》龐大的身軀遮過
一把雨傘一起等公車的經
典畫面，停在記憶中，屬於
童年的回憶。
《となりのトトロ》，2001

移動的城堡、小助理會變成
小老頭、坐在椅子上融化的
霍爾、變成老太太的蘇菲，許
多角色都好有故事性！
《ハウルの動く城》，2005

被取走名字的少女，在湯屋裡
等待救出父母的機會，和無
臉男、以及河神的真誠相
待，搭上電車拿著單程車票，
也完成任務。
《千と千尋の神隱》，2001

雨後的宇治
溼透的風景

出門前往宇治的路上還是晴天，從通圓茶屋出來後開始
飄起細雨，午餐後傍晚前是我們各自free的行程，友人
南西想去平等院，還預約了茶室體驗，還有一家小小的
兒童繪本書店等著她。我攤開從車站拿的觀光地圖，離
這不遠的「源氏物語ミュージアム」是個不錯的選擇，我
打算一人慢慢散步過去。

很喜歡這樣的旅行方式。選對旅伴，已經達到50%的完
美，享受著旅途中發生的任何事情，用一種生平從未有
過的極度灑脫、放鬆的狀態去面對每一件事情的發生，
因為旅行可以是一件再單純不過的事，在移動中嘗遍文
化的美果，一再的和自己過去的經驗對照，相同或差
異，在不同文化面前不言而喻。每天出發後分成A路隊
和B路隊，有各自的目標要完成，我總是把期盼興奮的心
情裝在包包裡，和一瓶水、一點點的餅乾，相機、筆記
本放在一起，和過去累積生成的我一起完成每回的探險。

在宇治川水邊就看見著和服、露額長髮的紫式部雕像，
在商店街口也能看見以《源氏物語》角色做的男女立牌橫
在入口處成一個拱門指標。城市的行銷還是得抓住有歷
史、能說故事的文化著手。

源氏物語博物館在一小段上坡路的盡頭，沿途路過的民宅區一片寧靜無擾。

博物館主要展覽主題是日本文學《源氏物語》，文本來自日本女性作家紫式部寫於一千多年前的長篇小說，內含五十餘帖，以日本平安時代出場人物為名，故事內容是以皇嗣光源氏以及與他有關的女性角色所鋪陳的故事，分為三部，其中第三部描寫的是光源氏死後其後代的愛情故事。而最後十卷（橋姬、椎本、総角、早蕨、宿木、東屋、浮舟、蜻蛉、手習、夢浮橋）故事發展舞台在京都和宇治地區合稱「宇治十帖」。以單一文學作品為主題統展形成的博物館，在台灣十分少見。雖然台灣在1998年設立國家台灣文學館，但是沒有針對單一文學作品或是單一作家的作品設立的國營文學博物館，倒是位於高雄美濃的鍾理和文學紀念館和源氏物語博物館性質較為相近。

遠離山腳下的車站，依稀聽到火車過軌道的聲響漸行漸弱。沿路的指標清楚的標示距離博物館不遠，但是要接近日本的古典文學作品，對我來說算是有些遙遠。在淺薄的記憶中搜尋與《源氏物語》有關的字句，唯一跳出的是個人名——林文月。唸書時，高中國文課本裡收過林文月教授的一篇文章《蒼蠅與我》，當時對她能將這不討喜甚至在生活中極易忽略的主題，寫至如此生動感到敬佩。美麗的國文老師特別介紹林文月教授非常知名的是她翻譯了許多日本的古典文學作品，例如：《源氏物語》、《伊勢物語》、《枕草子》等。我實在是個日本古典文學的門外漢，這絕不是謙稱。這些日本文學，至今除了書名以外，我概然印象全無。

我沿著指標很快的找到博物館，利用車站旁的遊客中心提供的優惠券買了折價的門票進入，在櫃台租借視聽中心播放影片的中文語音翻譯，博物館員熱心的指引我播放室位置，並提醒我要準時。

我沿著展室慢慢欣賞，以文學作品為主軸，博物館要怎麼發揮其典藏與展示的功能？從平安時代流傳下來的物語，本身就是以物托情。而故事發展綿長，不論是時序或是登場人物數量之眾，能同時展現人物及故事背景舞台的繪卷形式，用來說故事是最好的方式。

日本繪畫風格，自六世紀以後跟隨中國隋朝十六國吳道子的「吳帶當風」飄逸若舞的人物風格，往下至奈良時代則受唐朝人物畫中華麗健美的體型影響。到了安平時代，唐繪被大和繪取代，因為繪畫的用途已經從宗教活動延伸到民居生活，大和繪原先就是畫在屏風、紙門上的裝飾，繪卷在平安後期逐漸形成新風格，適合用來表現日本風土人情的主題，例如物語、歷史作品等。

源氏物語博物館的門票上就印著館內展出屏風繪的其中一幕。

欣賞繪卷可以看見繪畫、書法、裝禎等技法，繪卷在畫面上圖文並重，《源氏物語》以故事分割，每帖取一至三個畫面描寫，鮮明濃豔的顏色表現人物，由上而下的俯視角度描寫場景。展場中除了繪卷，還有以劇場舞台概念做出貴族生活的起居空間，有光源氏的六條院模型、著十二單和服的女官人偶，以及其他貴族日常遊戲的擺設。

正當我就著櫥窗描寫人偶之時，博物館員急忙的跑來提醒我，影片播放要開始了。《浮舟》片長約二十分鐘，是以人偶動畫配上電腦影像編製完成，宇治對這些男人來說有如安置情人的後花園，在掩藏的祕密中，女人被糾纏的困惑、迷惘著。如果不瞭解《源氏物語》的故事，花一點時間看館方製作的影片，大概可以明白故事中的男女地位以及相互關係。

五十二、
蜻蛉（かげろう）

　薫、匂宮の二人の男性の間で浮舟の
気持ちは揺れ動き、とうとう宇治川に
身をなげます。でも、宇治
に来ていた比叡山横
川の高僧に救われ
ます。

走出博物館，選擇和來時不同的路，我循著鐵道火車聲，回到川邊。南西早已在原處等候我。肚子已經抵擋不了中午只吃冷麵和甜點帶來的飢餓，我從包包裡拿出早上做的三明治，南西拿出切好的蘋果，我們拾階而下走到川邊橋下，不遠處鐵道橋上正有一列綠色電車駛過，即使只是三明治和白開水，因為在河邊而有了野餐的偽文青感。還沒解決掉三明治，雨滴不客氣的從山的那端急速的移動過來，雖然在橋下能避雨，但是我們也開始擔心，萬一溪水暴漲……可能就一路把我們送回台灣了。

眼前唯一能提供遮雨的，恐怕只有雕像旁的公廁，抓著包包外套一股作氣衝上達陣，美麗的公廁擠滿了大人小孩、白人、黃人、黑人。上輩子，這一群人一定一塊做了什麼事，現在才會一起被困在這場大雨中。雨中的宇治如今是見識到了。雨水如同河水般清澈，淅瀝的雨聲譜成一首插曲，旅行中無須畏懼天氣的變化，我開始學習接受大自然的禮物。

雨持續下了二十分鐘好像甘願似的終於變小，我們迎著微風細雨走回車站月台，鞋子早就溼透，下半身也沒能顧全。速寫本翻開全新的一頁，我面向電車來的方向，專心的記下眼前的風景，屋簷、電線杆、等候的座位，還有宇治車站月台。

這是我的，「雨後的宇治，溼透的風景」。

曲後のうじ・溫透的風景—───

ⓘ

源氏物語博物館 | The Tale of GENJI Museum
源氏物語ミュージアム

〒611-0021 京都市宇治市宇治東內45-26
電話 +81-774-39-9300
開館時間 09：00~17：00（週一休館、12/28-1/3休館）
門票 成人500日圓
網站 www.uji-genji.jp

忘不了的夏日祭典
祇園祭、宵山

即使是第二年來觀賞祇園祭典，還是沒把握能找到最佳的觀賞地點。「跟著人群走吧！」出發前南西特地拿著地圖詢問旅舍櫃台工作人員，他拿著原子筆圈出京都市役所車站出口的街角，「在街角觀察車隊如何轉彎，可以看出商隊默契和技術唷！」

記得第一年到祭典會場時，被接近兩層樓高的山鉾（やまぼこ）給震攝了。群眾很有秩序的讓出一條道路，即使要撐傘、搖扇、拭汗，大家還是興致高昂的參加祭典。最好的觀賞位置排了一區座席，穿著正式服裝的日本人拿著票券入席，看見支持的商隊緩緩前進時，跟著山鉾車上的鼓聲一起高舉雙手擺動著。

祇園祭主要巡行的時間是七月十七日，在此之前會有宵山活動。嚴格來說，整個七月，來到京都都可以感受到濃厚的祭典氣氛，從七月一日到七月三十一日，有各種的獻祭或侍奉納活動。觀光客從關西空港開始到京都車站，到處聽得到祭典的樂音，電車上也換上祇園祭廣告，百貨公司的櫥窗商品是充滿祭典風味的和服浴衣。

大叔建議我們直接到九条駅搭 subway 到 京都市役所前駅.
因為那兒是了 cross 、可以看到山鉾高起的轉彎技術…

雖然雨從沒停過… 但觀山鉾的人潮

似乎一點也不受影响、大家撐傘、穿雨衣期

待著這了 Festival 。同住 J-HOPPERS 的住客

們也多是為祇園祭而来的 !!

中午回到 Kyoto Sot. 決

定以 mister Donut 来安慰.

不能去箱根の沮喪心情、(京都駅2F)

2006 夏季
限定.

まめ馬芳.

Cafe Du Monde'
CAFE & BEIGNETS

從此、我知道、要從挫折中活過来、須要食物和充分的休息。
下雨天、讓旅人愈顯疲累。但、第三天的京都已經讓我們
習慣這城市的一切、巴士、地鉄、商店街、會印在旅行的記憶中
中、乘載在這一世中。

宵山活動中，小舞台上隨時都有精彩的演出，表演結束後人員下台，留下無人的舞台也是種趣味。

祇園祭在每年的7月17日，是京都夏季最大的祭典。祭典巡行前三天有「前夜祭」，分別是「宵宵宵山」（三天前）、「宵宵山」（7/14）（二天前）、「宵山」（7/15）（一天前）。四条通和烏丸通在這三晚會交管，步行進入可見到各山鉾町的屏風祭，沿佳了道也會有臨時表演舞台，等著表演者登場！！

前一天從宇治回來，八坂神社前已經封路迎接整晚的宵山。三三兩兩的行人恣意走在大街上，兩旁的商鋪掛上燈籠，每隔一小段距離就有屋台的搭建，可以趕在祇園祭前更靠近欣賞山鉾的華麗裝飾。祇園祭前連續三晚，走在無車的四条通上，到處充斥著熱鬧氣氛，在人群騷動中，臨時搭建的小舞台亮起鎂光燈，表演的團體也走進早就擺好的傳統鼓陣，主持人高亢的聲音吸引了群眾圍觀。往下走一段路又是另一個舞台，接力賽似的接在鼓陣表演之後，穿著華麗登台服裝的歌手拿著麥克風唱著日本傳統歌謠，上了年紀的老人家跟著輕手打拍。店鋪或臨時小販也在燈籠下賣弄夏夜祭典風情，熱鬧程度可比台灣的廟口夜市，熱鬧的言語透露著期待祭典的到來。

祇園祭是日本三大祭典，起於平安時代（約公元869年），因為病疫爆發，居民請出八坂神社的主神在京都內巡繞，祈求消除瘟疫，於是這個夏日的傳統祭典就流傳至今，演變成京都各區設計一個山鉾參加巡遊，每台山鉾會有一個稱號，依照事先抽籤排定的順序出發，由長刀鉾為首出發，繞行口字形路線。每座台車上有著傳統服飾演奏祭典樂器的樂手，長刀鉾上會有一位化妝並穿著華麗服飾的小孩帶領祈福。車隊前方和兩側人員負責指揮調度，尤其在轉彎時要將竹片鋪在大車輪下，由許多人員緊抓麻繩奮力拉動台車進入九十度的轉彎道。龐大高聳的台車要順利轉彎，真的是考驗全員的默契，台車上最前端有一排人員一手拉住從頂垂下的繩索，另一手持著搖扇，齊聲喊出口號作為指揮。

狗狗布偶也應景穿上浴衣！

祇園商店街的形象招牌，當然要用上藝妓！

站在遠處的我們也心繫其中，深怕有所閃失的屏氣凝神關注著。每一個轉彎處都是極大的挑戰，戰鬥的心情被鼓聲挑動著。連看兩年的京都祇園祭，在祭典中我只是個外國人，但是在當下奇妙地產生「我也是這裡的一份子」那種內心悸動的錯覺，讓人完全融入現場的氣氛。

我第一次參觀祭典是在高溫三十七度的艷陽天底下站了一小時，在中暑前離開時還眼巴巴的望著下一支隊伍。隔年因為連日陰雨，涼爽多了，但大雨總是毫不客氣的下在白日，巡行的會場也還是擠滿了人潮，撐傘或穿雨衣在大雨中繼續欣賞照常舉行的祭典，只是山鉾罩了超級大的雨衣，車隊隨侍人員在傳統服飾外罩了簑衣，依舊踩著木屐前進。

看著他們不畏艱難的往目標努力，酷暑或大雨都無法阻擋，我也該把旅途中不順心的小阻礙給卸下，繼續往明天邁進！

南西轉過頭來看我，「那麼，我們回車站樓上吃點甜食轉換心情吧！」好的，沒問題，妳今天想吃多少甜甜圈，我都請妳！

旅途上的
朝食與夕食

日本旅行的每一天，早上離開旅館前與晚上返回旅館後，都有一件事情等著完成。

那就是坐下來好好吃飯。

朝食

第一次到日本旅行時住商務旅館，每天早餐供應時間，小小的咖啡廳邊桌擺滿廚房準備的手捏飯糰、味噌湯、醃漬醬瓜。住客可以自由拿取，也提供咖啡機、紅茶包，還有昆布茶。第二次回到日本，捨棄商務旅館選擇較便宜的民宿和背包客旅店，雖沒有提供免費早餐，但是有設備齊全的小廚房，簡單的料理不難解決。

旅行中挪一點時間出來，從麵包店帶土司或想吃的甜鹹麵包，晚上回旅店前繞道超市，趕上打烊優惠時段，選了佐藤卓設計包裝的明治紙盒牛奶，原味優格，起司片，蘋果或水蜜桃等當季水果也沒忘記買幾個。在早餐優格杯中，擠入蜂蜜、水果切片，或半條小黃瓜片，味道簡單但是營養豐富，頓時覺得自己的身體輕盈了起來。

早餐，MEIJI 牛乳 配剛出爐 麵包。

在池袋住的民宿有提供早餐，旅客們早上離開前會到一樓廚房，圍著中央的大橢圓桌用餐。民宿老闆娘坐在老位置，盯著牆上接收台灣衛星頻道的電視新聞。自己動手取兩片土司放入烤箱，一邊決定塗抹奶油或是巧克力醬，也可以抹草莓醬，一邊在熱飲機上的按鈕選擇要熱開水、熱紅茶還是熱咖啡。

在有限的選擇中做決定，很適合起床後還未完全清醒的旅人。旅行時總是在張開眼後花一點時間確定自己躺在哪張床上，要用什麼姿態迎向這一天，要走哪一條路和世界碰面。

咬下烤焦的土司，豐盈的果醬從兩片土司的邊界滴垂下來，抽張衛生紙抹乾淨，把開水裝滿水瓶，這樣也算用過早餐。

夕食

旅途上為了節省不必要的開支，在外移動時儘量在合理價格上找到能夠吃飽且支撐至晚餐前的熱量消耗，結束

晚餐。就看超市有什麼好食材
挑幾樣煮成湯麵吧！

一天步行活動後，回程途中要在腦袋完全放空前思索晚餐菜色，走進超級市場時扮演住民，採購兩人份的簡單食材。

晚餐的主食通常是麵條，烏龍麵、蕎麥麵或是麵線。原因無他，就是烹調簡便，又能有多種變化。麵食用滾水煮熟撈起備用，可以用中華醬油拌炒豆芽菜變成中華炒麵，或是在湯頭中加入味噌醬包，切一塊豆腐、紅蘿蔔片做成味噌湯麵；若要應季節之景，從便利商店生鮮區購買生菜沙拉的醬汁包也可以做成和風涼麵或中華涼麵。

大概因為回旅館時已經過了晚餐時間，大部分旅人都是用過餐後才回來，晚上的廚房幾乎只有我們在使用。有時從便利商店買回關東煮物——三角油豆腐、大根塊、水煮蛋、昆布等，加上一杯關東煮湯，回到廚房把麵線煮熟後，加入關東煮湯，三分鐘料理就完成了。

在京都多停留一日借住公寓時，因看到樓下有個乾淨的廚房，興起了邀請在背包客旅舍認識的朋友一起來用餐作為道別。

從清水寺回來和南西到附近黑潮超市買些生鮮食材。那晚用了幾個鍋子煮一桌的菜，其實也只是食材的排列組合，配上不同的醬料拌炒，所謂的食譜只是往記憶裡去搜尋。

炒烏龍麵、油豆腐絲高麗菜金針菇、大根湯、韓式泡菜炒豆芽、中華醬油滷茄子，一道一道的端上桌。

那晚在餐桌上達成和平協議的朋友們，應屬客氣禮貌的稱讚這味道。台灣式的烹調比日本中菜餐館只用醬油和胡椒處理，總是多一味。乍嘗之下油膩膩，餘味卻有台灣人濃厚的人情味。

在異國，拿起鍋鏟炒菜，還是會多放一湯匙的油，用來添補家鄉的味道。

 大国屋 黒潮市場河原町店
〒601-8021京都市南區東九条宇賀辺町36
電話 +81-75-682-5101

黑潮超市裡可以採買許多新鮮的食材。

　　旅行途中節省一切開銷,但想買的布料、雜貨、繪本還是盡量買,節省早午餐的開銷後,務必在中午這餐找到最實惠的選擇,好好補充熱量,滿足基本需求。他們像是越野賽中的補給站,雖然是非常隨機的選擇,但是也帶來許多回憶。我們儘量選擇不是連鎖和速食的餐廳,希望能夠試試當地的食物口味。有些邂逅是老天的安排,一場驟雨把我們困在某個轉角,於是推門入座後從菜單上讀取有限的字彙和明確的數字,在饑腸轆轆之下迅速的下判斷。幾次之後發現,有個保險做法,找一找招牌透出時光痕跡卻窗明几淨的餐廳,通常會是好選擇。時間久了,留在記憶中最深刻的不是桌上食物的滋味,而是走進店裡看見的另一個世界,揣想著他們的生活與人生,在和我們交集的時刻裡,我所能回想到的一切畫面。

在神保町的地下階的
純喫茶ロザリオの店面外觀
就像一張旅行明信片。好想寫一張寄給未來的自己。

神保町活力老婆婆的地下階喫茶店

在神保町街區漫遊一個早上，我翻著《自遊人》的神保
町特輯，上面刊載著一間充滿懷舊昭和風格咖啡館的介
紹，散步一小段，在轉角處看到一堵振奮人心藍色的牆
面，還有張經日晒雨淋而呈現皺紋雨痕的《珈琲時光》海
報，這一切都在暗示我，「即使這是一間在地下室、有點
年代的咖啡館，今日既然已經走到這裡了，沒有不下去
的理由」。我從南西的眼神得到「我瞭解」的訊息。

做決定從來不是困難的，困難的總是如何找到自己的直
覺，最艱難的部份是堅定的相信它。但旅行的好處就是
遠離日常重複的生活後，尋找直覺的能力會變得敏銳，
是非題會多於選擇題，大約是旅行的心理衝擊與身體疲
累直接消磨掉大半的模糊地帶與不必要的禮貌性假文明。

ℹ️ **純喫茶ロザリオ**
〒東京都千代田區神田神保町1-13 B1
電話 +81-3-3293-9840
營業時間 9:00~18:00（週末和節日休）

扶著牆壁走下階梯，很慶幸店裡還有其他客人在，多數是中年人常客樣貌。端上水杯的是讓我們稱呼她「婆婆」也不爲過的老闆娘。她看我翻著《自遊人》，話匣子就沒停下來，連南西都聽不太懂，只好兩人傻傻點頭微笑，我們看著菜單，許多料理無法參透內容物，婆婆才發現我們是外國旅客，但聽到我們從台灣來，又再度嘰哩呱啦的講了許多，原來她年輕時候曾經到過台灣日月潭旅遊，留給她許多美好的回憶。

店裡果然擺了許多不同地區的名物和旅遊相片，她的熱情爲人生添加幾許風味獨特的韻腳，她就是這家喫茶店的「招牌」，客人來不只是吃到有媽媽味道的餐點，她的開朗和善讓這家地下室的喫茶店更有特色。

我在她這個年歲，會做著怎樣的事情呢？希望也是個充滿活力和熱情的老婆婆。

老板娘特製－仿玉子（蛋炒飯）
附香菇湯，600日元！ ＠ロザリオ・神保町

上二樓，Don't Mind 餐廳有橄欖球獎盃

從知弘美術館離開時早已超過用餐時間，美
術館附近環境優美，卻沒有太多餐館。堅持
地走了一小段路到了車站附近，上井草商店
街上的時鐘指著差五分鐘就是下午三點，
又累又餓的同時看到了一家二樓的餐館——
Don't Mind。

餐館外貌看起來老舊，鐵製樓梯扶手也有些
斑駁鏽蝕，但是一進門吹到涼爽冷氣，我打
定主意，店裡有什麼就吃什麼。冰水先喝一
杯，稍微清醒過來，我們坐在靠窗邊的座
位，視野不錯，附近沒見到什麼大型住宅
區，且還有幾塊田地，夏季午後的柏油路冒
著陣陣熱煙，坐在屋內的我也只好多喝幾杯
冰水消暑。

Don't mind 的櫃檯後
就是廚房，製作美味的基地。

店裡的擺設很有味道，大概自開業以來沒換
過內部裝潢佈置，穿過櫃台的後方就是廚
房，一方窗窺見盤架、櫥櫃，檯子上有生啤
酒機，一條藍色抹布自然的垂掛在櫃台下的
掛鉤上，說我們像〈來去鄉下住一晚〉的日本
電視節目一樣闖進別人家裡討餐飯吃也不爲
過。圍著大桌，蹬在高腳椅上的鄰座大叔們
已經進行到喝啤酒，打屁聊天的節目，餐廳
裡的電視播著綜藝節目……

水族箱上站滿獎座、獎盃，是一種和客人分享來自家人
的成就吧！家裡開早餐店將近二十年，我們看著老客人
們逐漸的從青壯年變成中老年，他們也看著我們從小到
大，每逢學校考試結束，不免要被幾個客人詢問成績，
升學關注度更是無可比擬的破表，只差沒把我們的畢業
證書貼在店牆上。坐在窗邊的我們好像也正參與這家餐
廳的家庭生活。小時候的記憶，附近的館子、小麵攤就
是一個家庭生計的來源，父親在廚房爐火上翻炒，母親
扮演招呼點餐備料結帳工作，小孩們送餐收盤抹桌還有
洗淨未曾中斷過的污盤髒碗。只有餐館規模較大的，生
意最好的店家才請得起鐘點計時的夥計。在比賽中和著
泥沙追逐橄欖球翻滾的大男孩，一定在假日生意好時也
幫忙端一盤咖哩飯，躍過高空豔陽的球直射入球網時，
也會有一種不負父母和客人們在場邊熱烈加油的期待
吧！

只是看著陳設空間，就取了環境切片，徑自幻想起整部
劇情發展的前因後果。走出 Don't Mind，被食物撫慰
後，疲累感已一掃而空。食物絕對是旅行的一部份，如
果只是跟著旅遊手冊走，根本不可能找到這家在二樓的
家庭餐廳，或是下午三點鐘還願意供餐的人氣餐館，我
也就沒有機會對著一事一物擬出這些「本事」來。

旅行或食物還是要隨著人的特性而走，才能找到最切身
合適的回憶。

花梨午餐和洋料理

旅行時的中餐好像一場鐵人長跑賽的中繼站，有時候獨自走了一個早上的心情，在還沒坐定時就急著要和朋友分享，急著要把那兩三小時沒用到的中文通通說出來。有時候想要在中餐的餐盤上找到一點食物新鮮感，出門一趟到了異地，總有想吃想看的list。有時候只是因為一場雨把我們趕進一家路途中不起眼的小店。

自惠文社離開，早上逼出了一身汗的好天氣突然轉黑，和我們比速度似的降下密密麻麻的雨滴，站在屋簷下躲雨，煩躁的心情卻被門後傳來的香氣吸引。中午，就在這家花梨咖啡稍作休息後再出發吧！

門邊的木頭小圓桌上有個轉盤式公用電話穿著粉嫩的顏色，適合在回家途中遇到大雨時，推門進來借投幣電話，請家人送傘來。

相對而坐的兩人研究菜單，「今天試試這個和這個！」華美的詞藻藏在心裡無法翻出，手指頭搶在嘴巴前生硬的說出「このとその」後馬上用冰水澆熄陣陣臉紅的高溫。

在日本旅行的這幾天，不特別挑選食物類別，但吃義大利麵配生菜、濃湯的機會還是比吃拉麵、飯糰來得多。曾經在日本吃過中華料理餐館。日本人所謂的中華料理關鍵調味在醬油及炒菜鍋，那次四個人的自助旅行中，有人吃全素，有人葷素不忌，我則是挑菜吃的隨便素。

中餐晚餐常為了要從菜單上猜測哪道菜不加肉而花費不少時間。我們挑了一道有「野菜」字樣的料理，端上桌翻開豆芽菜、高麗菜後看見豬肉絲帶著勝利的微笑，有人馬上把筷子放下。這回同行的南西是個愛食甜味不挑食的好口味，我們常常就著餐盤進行交換食物的遊戲。

花梨咖啡的阿姨服務生端上我點的野菜義大利麵，和南西的炸豬排義大利麵。清炒橄欖油，青蘆筍點綴其中，清甜的味道也許來自那幾瓣有些透明的洋蔥絲，剛起鍋的麵條驅動著最上層的海苔絲賣力舞動。玻璃盅的生菜是馬鈴薯拌著奶油、玉米粒，還有兩片涮著水分的小黃瓜片。

一點鐘的午餐，避開人潮享受一點點的寧靜。旅行是一種休息，休息中的放空是一種更徹底的掏空。和花梨咖啡道別，才發現窗外停了一台復古的歐兜麥，天氣放晴，小徑上透著溼氣，從水窪倒影看見的天空很藍，旅行，從來都是在路上，而不是終點。

對於在日本的餐館點菜，還曾有去年的失敗經驗～(笑)，但，我還是鼓起勇氣指了野菜開頭的主食～。Lucky ♥，超好吃

車站商店街的八ゲ天野菜天丼

「為什麼只是一間開在車站商店街的天婦羅都可以這麼好
吃!」也不管溫度節節高升的東京暑氣,我又夾了片炸地
瓜喀滋喀滋,一抬頭看見南西的表情在吃下白米飯的那
一刻凝結了。這口飯也許帶著鄉愁,出來幾天,剛好都
沒點到飯,小碟上的漬物是一點也不掩飾的酸鹹甜,配
上一口熱熱的白飯剛好。大概是因為店舖剛好就在車站
樓上的商店街,絡繹不絕的客人中,充滿青春的氣息,
背著書包的高中生或是青澀不修邊幅樣貌的大學生一下
子塞滿所有的座位。

扎實的吃了一頓粗飽,因為白米飯扎扎實實的填入胃袋
中,冰冷的麵衣裹上四季豆條、茄子、紫蘇葉……在高
溫中翻了兩圈後酥脆的口感,雖然這樣的讚美很老套,
「這是我吃過最好吃的炸物了!」居然在旅途中不期而
遇,也難怪南西的表情盡是滿足。「這車站商店街的天婦
羅很簡單,但是也很不簡單。」雖然這句話講出來只會透
露我的沒內涵,但是在日本很少練習中文詞藻的我,一
時也找不到比這更直接的方式表達,南西聽完後猛地點
頭說「我不能同意你更多了。」

我們相視而笑。有時候真的只需要大聲地說一句「おいし
い!」

ハゲ天

野菜天丼　680円
(野菜6こ飯) みそ汁.漬物付.

感覺好像有十年沒吃到飯了……。好感動、才六天、就因為
食物而想家。吃飯果然有大滿足。吃飽了、繼續吉祥寺
的探險, 我想去ハ一ジハ更廊今日休, 我便跟著gao、
去了 繪本 Book Store。

旅行中的甘味小確幸

從甜食中重新獲得再出發的…
POWER!!

咬一口甜甜圈

從祇園祭會場提早離開，脫下溼透的雨衣搭著地鐵回到京都車站。中餐前安排點心出場不是為了填飽肚子的作用而是甜食無敵，希望能夠咬下一口信心和希望。

喝下我在日本的第一杯咖啡，看著車站大廳人群如游魚般不斷移動，在心裡計畫盤算多出來的京都半日要如何安排。咬下一口抹茶馬芬小蛋糕，再咬一口夏季限定的水蜜桃夾餡波提，溫柔的填補沮喪留在心上的刻痕。

「好好吃唷！」看著南西滿足的笑容，我也忍不住點頭。我會一點點一點點的用期待下次來取代這回無法到箱根遺憾了。

雞蛋、牛奶、焦糖、一點誠意的香草籽

從宇治回到京都車站，離開月台踏上階梯和其他人錯身
而過，在天橋通道上看著小小的商鋪前聚集一些人。看
不懂日文卻敏感於圖像的我早在南西之前發現「布丁！」
我開心的叫著，好像看到另一種旅行中的救贖，拯救沮
喪心情於一口簡單的甘味。女孩們吃甜點，不用多，也
沒有時間的限制，飯前、飯後、醒來後或睡前都是可以
的，重要的是「想要吃」。甜點的評價方式依據入口瞬間
的表情變化，從南西綻開的眼睛瞇成一彎彩虹的笑顏，
這個在車站通道吃到的布丁，應該十分裡拿到八分以上。

回京都駅，在商店鋪，我看到燒布丁停了下来，
当然，是看圖片，Yao 則看到小天使的招牌，用观光客
心態判断，有很多人排隊的絕不会誤觸地雷!!

Manneken

焦糖布丁
189￥

抹茶小鬆餅
147￥

布丁總是配著湯匙的記憶，小時候的點心通常是一杯布丁，用小湯匙胡亂攪成黃泥糖水狀，或是小心撕開封膜（從鋁膜變成塑膠膜）用湯匙一口一口挖出來，最後還要把梅花塑膠杯底的焦糖仔細刮乾淨回味最後的甜味。長大後在台南府城路走著，經過一條巷口看見「銀波布甸由此巷入」的大招牌，按著門牌號碼卻找到一家小小的門口攤位，從鐵捲門拉起的光源看到屋內瓦斯爐上正在蒸著布丁的熱氣，老闆從冰箱拿出用塑膠袋包好的五杯入布丁組合，沒有加膜，用紅色橡皮筋繞好幾圈封死袋口，回程的車上忍不住解開橡皮筋，我嘗到和那時在車站通道布丁舖一樣的心情。

旅行結束後懷念的滋味，也許並不列在旅遊手冊上特別推薦的項目，或許下次舊地重遊也吃不到，卻感動於幸福在口中慢慢化開，一種簡單的滋味，在很久以後留在記憶裡的是與甜點不期而遇的場景以及那份無法分享的心情。

鴨川畔分享的祇園饅頭

「我們各買一個吃看看吧！」還好，這次旅行中有個很好的旅伴，我看著南西向前一步購買等下要帶去鴨川的小點心。

夏天夜晚溫度稍降，但參加宵山的遊客眾多，還是走在一種煩躁的心情中。走下階梯坐在河岸邊的大石頭上，川水遠方的燈火依舊通明，一回頭，南西已經把鞋子脫下，小心翼翼的探入鴨川中，口裡說著「好涼！」腳卻好像碰到熱水馬上縮回來。買來的兩種點心都是米做的，白色橢圓形的口感軟黏透出中間細心包裹住的甘味紅豆沙，三角形是米粿和蜜紅豆緊密結合上下層，一口咬下，兩種不同口感與滋味，不用其他色素營造光彩奪目的造型，引人嚮往的是他百年以手工製作的心意。

在走過一段擁擠街道後和你一起在鴨川畔靜靜享受月光映在水面上，我們不在道路上，我們離開人群最多的地方，我們走在和大家相反的方向，於是夜晚涼風襲走一天的暑意，這是這趟旅行中最令人懷念的景象。

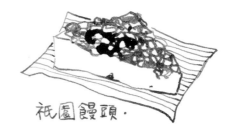

祇園饅頭.

宇治通圓茶屋的
夏日河畔抹茶品嘗

旅行之所以美好，是因為有一個家等著我回去。

這句話不知道是哪裡看來的，卻一直深印在腦中。但心中更覺得，也許是旅行中的記憶交疊著，召喚我再次回到那也許是前世長久停駐之處，所以我總是會走到那些地方。

宇治是身為「抹茶控」的我的指定旅遊點。怎麼可以有一個城市這麼會用抹茶綠的顏色。連「宇治」兩字現在從眼睛進到我腦海裡已經自動變成綠色，還帶著茶香。行前討論行程時，我堅持一定要去宇治，配上夏日京都祭典祗園，這兩者就是我的京都夏日回憶。

從京都車站出發搭上奈良線火車，很快就能抵達宇治，卻是一種山林悠閒的小鎮風景。從車站出來，走過通往商店街方向的一座橋，可以往下走到平等院。第一年到京都時和朋友們來過，離開平等院時，朋友發現錢包遺失，我們陪同沿路往回走，遇到工作人員就拿出我畫的長了翅膀的錢包詢問，一路找到取御朱印的地方才問到工作人員憶起，窗台前遺留了一只小錢包，但是被後來排隊的台灣遊客撿走了。

お茶 の 通圓 ^{つう えん}

抹茶窯
↑

冰淇淋 ×2
紅豆球 ×1
candy …

Uji 真是一ケ Green City. 連 Uji Line
上的遮陽簾. 車体. 車廂. everything
are fresh green. 當然我最愛的お茶
也是 green. B: 連心情都洋溢著
青春氣息。走出平等院, 我們抵達
通圓本鋪 (在橋頭). 在店內飲一杯
抹茶冰品. 還可以欣賞 Uji River.
奔馳在江橋上的 Uji Line 拉出一條 Green Line.

《通圓》

吃过うじ冰滿足後. 看著宇泿大川. 心情也涼爽
起来. 方才自平等院表参道走出路. 就被著清澈的溪
水所吸引. 忍不住想下階梯一親芳澤.

旅行的倒敷第二天. 看了它的江水. 我的
心, 便留在這江橋之中. 鐘情於此。

已經發生的事情無法改變,當下能做的就是好好吃一頓。我們拉著面帶愁容的朋友往宇治橋邊走,一棟傳統木造建築上頭的黑瓦透著歷史,門口掛著布簾隨風搖擺。宇治是京都著名的茶鄉,許多著名的老店舖供應著以茶入菜的餐點,當然能夠在夏日高溫中坐在店內冷氣風口前啜飲店內溫熱的玄米茶是最過癮的事情。

距離午餐時間差不多還有一個小時,避開遊客人潮,我帶著朝聖的心情領著南西走向那個還保有舊時屋瓦當頂,鑲著木頭邊條、色澤深淳的幾扇窗戶,隨風飄揚還會發出啪拉啪啦聲響的布簾,不寫商店字號,只有一個「茶」字吊掛在門口,小庭院前有時間痕跡刻畫在上的石椅,有綠色的軟布墊兩片放置在上。整個算是突兀的景色,大概是那只略高於孩童的抹茶冰淇淋模型燈具,它也在這樣的空間中。

時隔一年，這次再來宇治，對我來說幾乎是專程為通圓
茶屋而來。坐在屋內只是倚靠窗台望著腳下清澈的川水
就覺得清涼透徹。點一道夏日健康高纖的「宇治小町」
綠茶蕎麥麵，選用無農藥有機綠茶磨成粉後和蕎麥粉一
起拌成的麵條。浸泡過冷水的熟麵條放在方形竹簾容器
上，更覺得清涼。一旁備有沾醬、青蔥和芥末，麵條在
醬汁中全然釋放出綠茶的味道。

餐後再來份抹茶甜點，人生至此已臻完美。抹茶真的很
適合搭配日式甘味，本身不帶甜味甚至有點苦，再嘗過
甜死人的蜜紅豆或是黑糖蜜後，嘗一口解膩最合適。

夏季到通圓茶屋點5一份綠茶涼麵。愜意。

在同一個位子、相同的餐點和宇治川。我希望心境是不同的。年歲催化我把生活的重心從別人慢慢拉回到自己身上，再嘗過一些生命的苦澀後，也漸漸能從抹茶尾端的苦中抿出一些只有自己嘗過才瞭解的甘味。

現在倒是已經爲了那特殊的甘味而眞實的走在「抹茶之路」上。

おうす飴・茶味糖菓

買一包玄米茶回家，
複習旅行時的
茶香。

ℹ️
つうゑん茶屋 通圓本店
〒611-8691宇治市宇治東内1番地
電話 +81-774-21-2243
營業時間 9:30~17:30
網站 www.tsuentea.com

五条坂上有
抹茶歐蕾和御上買票的
Caffe Oggi

走在細雨中的京都五条坂，要對抗有些溼滑的石板路，很快的我就累了。這條上坡的小徑遊客較少，在雨中更顯寧靜。出門旅行有時難免遇上低潮情緒，在這條灰墨色的綠色小徑上，見到一盞溫暖──Caffe Oggi，對我而言正是時候停下來歇息，揮別南西後我推開厚重的咖啡館大門，我也就此走進對京都的依戀。

侍者引導我到面牆的一人座位區，黃色燈光從上方櫃子下緩緩的溢出，溫暖的包裹住我。點了一杯抹茶歐蕾，假裝我是路過推門進來等雨停的常客，作為一名稱職的常客必須全心的享受這一杯飲料，所以我坐下後沒有再起身四處走動拍照，我翻開旅行手札整理旅行數日的心情，把京都的美好影像慢慢的抓回來。京都的夏日祭典、在公車上看出去的京都街道、每天從京都車站南口慢慢散步回旅舍的

寧靜街道、走到橋下吃著涼糕赤足浸入鴨川的沁涼感、在宇治橋下野餐，期待綠色鐵皮車有節奏的駛過。那些畫面在午後細雨中為我的旅行心情回溫。

店內幾張桌子空著，還有幾組客人在店裡，侍者不時出來添水，看到我的手札上畫得正是祇園祭畫面，說了句日文。我張大眼睛對他微微點頭，然後又低頭進入自己的世界。牆上有座大鐘，帶著歷史、刻著時光一秒一秒的前進，在寂靜的午後特別能感覺時間的痕跡。別桌客人起身結帳，圍著櫃台的打字機一陣喧鬧後離開咖啡館，剩下我一人獨自享受這個沈靜的空間和眼前這杯抹茶歐蕾。在台灣喝過許多以抹茶和牛奶的飲料組合，不是太甜就是太稀薄，牛奶的脂肪濃度不夠也無法和帶著苦澀味的抹茶粉聯袂演出屬於大人口味的抹茶歐蕾。

已經忘記是什麼樣的原因讓自己這樣著迷抹茶。幾年前好友去日本帶回幾款不同口味的糖果，丟了一包綠色的塞給我「這個你應該會喜歡。」他拆了其他蜂蜜或是水果口味的糖胎分給大家。綠色的牛奶糖片，慢慢的在口中化開，濃郁的牛奶和淡淡的茶香味最後融合在一起的滋味，我後來再也沒吃過，糖果的牌子也因為沒留下包裝袋而早就遺忘。

也許每次在外頭發現有抹茶歐蕾或抹茶牛奶的飲料必定要點來回味，從記憶去尋找滋味，從滋味去回溫記憶，不管從哪個方向，都是充滿迷霧又漫長的旅程。曾經，在明月堂還開在天母忠誠路上的供餐門市裡，遇到喝第一口就讓我整個被馴化的抹茶歐蕾，一路走來煩躁的心情好像瞬間變得透明清澈，人生沒有一件事情是比好好享受當下重要。在Caffe Oggi裡，那一小杯站在瓷盤上，用溫熱的白煙回應著我的期待，我輕輕握住杯子，送進口邊把上頭的奶泡吹開，淡然的喝下第一口。

面牆的單人座位區桌上，有幾個
木頭滑輪玩具。用手撥弄著，
把旅行的玩興慢慢找回來。

在日本，抹茶是大眾都能接受的飲品，在台灣，這種沒辦法完全溶解的「懸浮物」牛乳飲料總是無法品質均一的提供給大眾，明月堂門市在前幾年在忠誠路消失後，我也曾在有日式風格的小咖啡館裡找到接近完美的替代品，但是過陣子再訪時，可能是飲料吧台換人，我內心帶著一滴眼淚離開小店，留下大半杯抹茶歐蕾，希望店家能夠明白，它不只是牛奶和抹茶的組合這麼簡單的事情。

走了一圈清水寺下來的南西問我「好喝嗎？」我露出被征服的表情，瞇著眼睛享受抹茶和牛奶的餘味。外頭天色漸暗接近打烊時間，店內已沒有其他客人。南西放下杯子，臉上盡是滿足，她和我一樣也是著迷日本抹茶一族，當初就是她帶著我到明月堂去朝聖的，沒想到今日有機會和她一起在京都喝上一杯又一杯的抹茶，旅行路上有朋相伴自是人生幸事。

這一杯抹茶歐蕾完全全撫平了旅途上許不順。

再怎麼留戀也得配合店家的時間，傍晚六點我們起身結帳，頭戴鴨舌帽的老闆掛著靦腆的笑容，知道我們的旅人身分後指著櫃台上的打字機向我們介紹著，任選兩個英文字母，和四個數字的按鍵，敲下按鍵的同時也打印出墨色痕跡，出來的票卡比巴士單程票稍大，特別的是印有日期和店名及電話，機器從前的用途是來打收付金額用的店家收據，現在變身為店裡的一項特色，老闆怕解釋不清，直接讓我們試用，一人獲得一張打印日期店家名號的「御上買票」。

仔細一看，店裡的電話號碼末四碼0881和Oggi長得真像呢！推開咖啡館的門，並不感覺不捨，下次再訪京都時我一定會再來，悄悄的走進來，也許店員會想起這個有點熟悉的面孔是台灣的旅客，也許他們不會記得這個雨天午後的事情，但一開始我們就選擇旅行在京都人的生活中，連結的也就是這些點點滴滴豐富著我們旅行的日子。

收藏著那日的旅行心情，每次喝起抹茶時都會想起那天—山坡上雨天稍微潮溼的氣味和微小卻存在的雨聲，推開大門的鈴鐺聲響及迎面而來的咖啡館特有的香氣、我聽不懂的日語問候卻感受到不需言語的關心和溫暖。

後來有朋友要到京都旅行探訪特色景點，我沒有推薦他什麼廟宇古蹟，而是不曾出現在旅遊雜誌上的這家咖啡館。我用小學生英文寫信給Caffe Oggi將有朋友到訪，經過一番波折朋友終於抵達，和老闆用日語英文夾雜著

表明身分，應該收到大大的歡迎吧！我讀著來自五条坂
上那座咖啡館的溫暖訊息：

It was regrettable this time. Please surely come to
Kyoto. It is waiting.
I work enduringly till the day which can meet again.
Please take care healthily.

Good-bye
Kyoto　Oggi　Keisuke.M

是時候出發再去喝一杯抹茶歐蕾了。

回程搭バス才發現、我們住的九条通、離清水寺
十分近呢！！在Oggi，老板大叔有讓我玩收銀机、
可以按出自己的生日喲！我們還鼓起勇氣
和店裡的大叔&大哥合照。
我會把Oggi列為下次造訪Kyoto
的必複習之所。

Oggi | Kei's caffe
〒京都市東山區清水四丁目190-1-102
（市巴100番五条坂站步行5分）
電話 +81-75-533-0881
營業時間 9:30~18:00
網站 www.caffe-oggi.com

尋找
奈良美智

在那個大眼娃娃的眼睛裡，我看到一種神秘的光芒。

從《小星星通信》慢慢的接近奈良美智的創作歷程，一種荒唐、漫無目的卻又堅持在藝術之路的方向感和直覺，夢遊的圖像中，小孩和小狗都像是被催眠般的讓手帶著身軀往前移動，意識中的安穩讓他們臉上仍舊帶著表情。

這是藝術家的寫照吧！無端的喜歡著他的作品，還有靦腆的笑容，讓人覺得安心。

在台灣的翻譯圖書中，最昂貴的仍然是藝術家作品集。到了日本，我在二手書店不停找尋奈良美智的作品集圖冊，除此之外，還有一個想去的地方。

手上抄著咖啡館的地址，地圖顯示位置在離表參道地鐵站不遠的地方，但是從地鐵站出來後我完全失去方向感，來回走看著相同的櫥窗，無法找到出路，逼自己冷靜的停下來重新看地圖，我一定漏掉什麼重要的線索。三十分鐘後才終於弄懂地址標號的方式，那串數字帶我停在巷子裡的一棟大樓前，我看到了。

在附近巷道尋找許久，終於在抬頭時
看到 A to Z cafe 的招牌。內心激動卻在
當時無人能分享。

A to z cafe
YOSHITOMO NARA
+ graf

從小房間的門看出去可以見到模擬奈良美智工作室的小木屋。

「A to Z cafe」我在心裡默唸一次,拿起手帕擦掉額頭的汗水。剛剛經過這裡卻沒能看出來,招牌非常低調的釘在牆上。「我終於到了……」想要大聲尖叫,或是抓著誰的手激動的跳起,但我是一個人,一個人前來。我默默把激動收回袋子裡,走進小小的電梯登上五樓。

「A to Z」是奈良美智和Graf在2006年合作的大型展覽,用以展示藝術家的創作,如模型般的呈現,在奈良美智的故鄉青森縣弘前市的一處倉庫內造了26個小木屋,彼此由走道連結彷若一個不存在於地圖上的小鎮。後來其中一座移到現在的「A to Z cafe」重組。小木屋在咖啡館的中央,屋裡的光線迷人映照在牆上的作品,從窗外可以看見工作桌上散布著用具、草稿,杯裡還有一點咖啡,旁邊是舊書和舊唱片、一排收集來的公仔。

店內的菜單用餐後可以帶走，可收藏也當作店訊發佈的媒介。

小屋裡有許多創作的夢想，坐一會兒慢慢沉澱，再向前出發！

A to Z cafe
〒107-0062東京都港區南青山5-8-3 EQUBO大樓5F
電話 +81-3-5464-0281
營業時間 12:00~23:30
網站 atozcafe.exblog.jp/i4

用A to Z 展覽小屋拆下的木板,易地
使用,在這裡隔出許多小的空間。
低矮的桌子上是奈良美智筆下的插畫人物。

我不抽煙，被帶到一個獨立的小包廂，店裡每張桌子都有奈良美智的圖，點餐用菜單也有他的塗鴉，喜歡的可以帶走。我在這裡坐了一杯茶的時間，塗鴉著店內的場景。一般表情的底下情緒是激動的，如果我能夠從台灣到日本來走到這，我一定也能夠繼續著畫圖這件事情。心裡喃喃著：「孤獨也好寂寞也好，創作能夠累積一切，然後超越過去。」如果沒有東西可以累積，昨天的自己和今天的就分不出差別了，旅行時候話說得少，一些聲音反而聽得更加清楚。

「那就，繼續創作吧！」我看著桌上那個拿著鼓棒的大眼娃娃。我會用任何形式向世界持續宣告我的存在！

桌上的彩繪之一是
奈良美智的招牌—
大眼娃娃ㄇ眼神
透露著憤怒。

旅行中的購物車

旅行中該買些什麼總是考驗著人性。我的基本原則是不買台灣有的，行李箱空間有限，把位置留給更重要的，眼睛能看懂的，筆能畫出來的也盡量不買，總之有替代方式的就不考慮。

百万遍手作市集｜旅途中的驚喜發現

跟著南西鑽入知恩院百万遍手作市集，每個月一天的市集自然是擠滿了人潮，有些攤位有桌椅帳篷，有的僅是地上鋪一塊防水野餐布的大小。這裡是販售夢想的草地，聚集了從各地前來的職人，透過專注在小小的物件上，傳達自己的創作想法，與台灣創意市集相比，這裡還多了一份對老物件的珍惜感。

和南西在附近的咖啡館分享彼此的戰利品，我拿出三捲帶著金屬色彩的絲線纏在老舊木軸。南西的收穫不少，多是可以和小孩們一起分享的昭和時代小玩具或是娃娃屋道具。

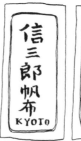

現在支店裡買的帆布包會繡上這二個布標，也算見證一澤帆布和信三郎帆布的歷史。

一澤・信三郎｜老品牌的理念

我沒有任何名牌包，倒是有三個繡著「信三郎帆布」的帆布袋，軍綠色、桃紅色的小包非常好搭配，另外一只大黃包連筆電都裝得下，用久了就會知道眞正的經典不只不會退流行，還能搭配任何打扮。

在京都自然是要到京都名物帆布包店去。離知恩寺不遠，門口進進出出的遊客不少，很容易找到一澤信三郎帆布店。我們去的時間剛好是一澤帆布和信三郎帆布店分開的時間，兩家店舖相距不遠，也都各有支持者。

SHINZA BURO
HANPU KABAN

POST

帆布原先用在工務上，當然需要耐磨耐髒，最好還有售後維修服務，店內角落也擺出上一代店東製作的帆布袋，上面印著醫菜商家的名號，透著老舊但是看來還是十分耐用，繡上「一澤帆布京都東山知恩院前」的帆布袋是一生保用。

因為是手工製作每天需應付開店的一定數量，還有網路郵購訂購（需等二～三個月），因此一開店就擠滿了人。製作品質反應在價格上，硬挺的單色帆布和日本紋樣的布料，配上基本款式不同尺寸做成的背包背袋，在每人限購數量的規定下，每日開店販售五百多個，還是能在三四個小時內賣完。

一澤帆布和信三郎帆布倆兄弟的產權官司在2011年落幕，一澤信三郎重新迎回「一澤帆布」招牌，四月初回到原址重新開幕。

我的第四個京都帆布包，應該就是繡上「一澤帆布製」的那個。

日暮里纖維街｜家事課採購

在日暮里纖維街我才真正的大買特買。出發前著迷於裁縫布作課，沒畫圖的日子都在踩裁縫機，各種花樣零碼碎布一塊接著一塊挑選，各種工具也沒少買，每個月跑到迪化街附近的永樂市場，鈕扣、針、線、織帶，滿足各種購物的慾望，真正完成的成品倒是沒多少。在日暮

萬分推薦 ☺ TOMATO，應有盡有。

センイ部 ◉ TOMATO

日暮里大採購. 離離街.

Place：日暮里駅東口右行至中央通り、有掛小招牌み

里我就只管買布，找到古著風的深沉搭配，北歐風的大
花也很流行，水玉點點布也不用多翻到處都有，各種卡
通圖案布也不少。

從日暮里離開的時候，我不再取笑南西那只裝滿繪本快
炸開的行李箱。

在這條街我幾乎散盡千金，尤其在TOMATO的店，從
樓下買到樓上，走出來沒幾步又是TOMATO。如果沒時
間走完一條街，可以在這裡掃貨，配料相當齊全。仔細
觀察，走在街上準備購物的女性，一個個都像從 craft 雜
誌走出來，手提包或是身上的衣服好像都是從這裡買布
回家自己裁縫自己穿戴，當然這一切都是我的想像。

自由之丘｜私の部屋雜貨街

東京的雜貨風格小店舖不少，目黑區自由之丘可以慢慢逛很久，從商店街較小的店面延伸到後面的區域。

我一直待在「私の部屋」裡陳列的廚房用具區，一直無法決定是否要把眼前這個日本單柄瓷壺帶走。大約是一杯茶的容量，圓潤的壺身聲音清脆，尖細的壺嘴順著彎度，兩相連接之處也以瓷土做了濾網，把手在壺嘴的九十度角處，骨瓷質堅而輕，想像注滿滾水和茶葉漂浮時也不用擔心重量。那時候我已經開始自己煮水泡茶了，亟需一把單人壺，卻又彆扭的不想要紫砂壺，因為不習慣蓋子闔上壺身摩擦產生的聲響。

為了確認自己的心意，我先走出了私の部屋往隔壁街走，當我發現走了三條街卻沒逛任何一家雜貨舖時，我想我的心已經被收進那把骨瓷壺裡。快步欣喜的走回店裡，請店家幫我妥善包裝，登機時隨身的包包要留個位子給它。

然而越是小心珍貴的對待，越有可能在無意間失去。

那只壺安全無恙的帶回台灣放在家裡，卻在一次清洗時摔了手，從把手和壺身連結的地方乾淨的斷裂，幾乎沒有碎屑。

現在，壺裡正長著水生植物，有時返家看到它，還會想起從三條街外回頭的心情，還有那個夏天的旅行。

私の部屋

◎ 漂亮的泡茶壺。

　沒想到、我居然瘋狂到、
　從日本帶一個易碎品回來、在我
行李箱其實已經塞滿的時候。

FAMILY BOUTIQUE

在自由之丘的失望終於在到了「私の部屋」
好轉、因為找到夢　以求的菜。

「for Present！」只要跟店員說這句話、
他們就會開始大費周張的包裝、

很有質感。
看來也很炫
這樣就不用面次
找筆找半天。

NOTEBOOK

waiting 時、又買了個 MARK's、
真是大讚了。レ=

VILLAGE/VANGUARD

消しゴムはんこ。
つくるたのしみ、おすたのしみ

津久井智子

消しゴムはんこ

「星の王子さま」
シグソーパズル・ブック

グリコの
おまけ

サン=テグジュペリ原作
長友惠子訳

沒想到我也買了這麼多小東西。

惠文社:

1 消しゴムはんこ。橡皮章刻印 1470年

2 素描本 611年

百萬遍市:　　　　きりん館

3 色線 ×3 600年　　8. 小王子摒図書 1260年

4 仙貝 ×3 500年　　荻書房

5 花布 ×3 300年　　9 グリコのおまけ 800年

6 毛 材料 530年

7 毛 材料 (Bear) 350年

京都知恩百万遍手作市集 | 毎月十五日
〒605-8686 京都市東山區林下町400

日暮里繊維街 (JR京成線日暮里站)
トマト | TOMOTA・本館
〒116-0014 東京都荒川区東日暮里6-44-6
電話 +81-3-3805-2366
營業時間 10:00~18:00（週日休）
網站 www.nippori-tomato.com/tomato/index.html

一澤信三郎帆布
〒605-0017 京都市東山區東大路通古門前北（過知恩寺東大路西側）
電話 +81-75-541-0436
營業時間 9:00~18:00 週二休
網站 www.ichizawashinzaburohanpu.co.jp

私の部屋・自由之丘店
〒152-0035 東京都目黒區自由之丘2-9-4 吉田大樓1F
電話 +81-3-3724-8021
網站 www.watashinoheya.co.jp/index.html

散步的慢旅行

旅行時，喜歡在遊客還沒甦醒的早晨，帶著帽子和鑰匙走一段路。旅程中走路的時間很多，但並不是每個人都會「散步」，如果急著趕往下一個景點，散步的心情全沒了，如果想著要吃哪家美食名物，食物的欲望又會蓋過散步的悠閒趣味。

散步需要心情、需要趣味，需要一點點天分。

在東京市區街道散步有點匪夷所思，清晨天剛亮，街道還留有前一晚醉倒未醒的身體吐露的穢物，它們會在人潮聚集前消失，紙箱裡微微顫抖的是以天地為家的遊民，也許正做著飽餐的美夢。在車水馬龍開始前散步，會看到另一個世界。京都生活步調徐緩，清晨只是覆以低明度的顏色在眼前，抬頭一排烏鴉站在電線上嘰嘰喳喳話匣子沒停過，交錯的電線譜出一張日常生活的網。窗內黃色燈光下，聽著鍋鏟翻炒的聲音，今天早餐要吃什麼呢？旅行還是離不開日常生活，至少，平時覺得很庸俗的午餐吃什麼，在旅行時候也會變成另一種暫時終點式的期待。

在哲學之道散步，還未悟出人生哲理，
卻看見一隻貓掛在玻璃窗上。

從麵包架上夾起一個早上剛出爐的玉米奶油麵包，到隔壁便利商店買佐藤卓設計的紙盒牛奶。我的早餐沒有抽油煙機的伴奏，有著旅行時的平淡幸福。如果，能夠省略長途飛行的疲累和時間，我很願意每個清晨起身出門尋找一個人的早餐滋味，沒有比早餐更合適一個人的美味時光，確認今日的行程和方向，準備紙張本子、筆材，陰雨天的時候就放棄相機。

沿途的風景迷人的想要復刻帶走。

彩帶霓虹轉轉燈是理髮店，幼時巷口對角的門簷上也裝了一座，理髮廳的老闆娘頭髮總是跟上流行隨時更新，不久後市場的太太們也全面跟上。四種方向的C由大至小整齊列隊停在路邊的招牌架，這裡是眼鏡行，比起模特兒戴名牌眼鏡更直指文本。比起有冷氣放送的便利商店，不如試試巷子裡密集度更高的各式販賣機。一字排開好幾列的罐裝飲料，為了吸引手指頭的接觸，飲料的包裝設計只好變本加厲的可愛，容量也配合100日元的價格做了小孩尺寸，就算不口渴也忍不住想要收集一瓶。

最後收集最多的是免費明信片或DM。明信片多是3×5雙面印製尺寸，來自書店、美術館、藝廊，或手作小舖。

整理成冊變成風景印記，那些美好的畫面。

日本街頭巷內的販賣機,裝這些顏色包
裝可愛的飲料。它們好像小劇場裡的各種可愛的小演員們,
等著獲得消費者的按鍵。

京都小日子中也學著觀光客到哲學之道去蹓躂。如果走完全程不知道能夠體悟到什麼靈感，自知沒有成為哲學家的體質，即使有如此好的環境相伴，半路還是讓有趣的窗景吸引停駐。炎熱的夏日，最需要的是眼前的冰店，日本冰淇淋攤隨處可見，剉冰店反而少，有冷氣的更少見。遠遠看見一隻橘子條紋貓用前腳攀在店家玻璃落地窗上，神情訴說著「我也要吃冰，熱死我了！」

不知道那隻貓，幾點下班？整條哲學之道的記憶，其實，就只有想吃冰的貓。

「洋服の病院」指的是洋服修改嗎？

Tokyo to Taipei 1355 哩／2181 公里

我的旅行相本

Tokyo

osaka

Taipei

Traveling

這一趟旅程、帶給我一個不一樣的新感受

出門，保持 50% 的期待，20% 的空白，

和 30% 的意外空間。

京都和東京的天氣一開始是意外，後來，

順勢演變成一種期待。

早上離開棉被，先開窗户，看看 sky。

把太陽、雲、雨都臭了一回。

每天每天像輕飄飄的紙片人飄出 ROOM，

踩著夕陽的边角、提著滿足的心情、愉快

累積一大桶。 能量滿滿準備運送

回國。

HAPPY

走在街道上，我的眼睛骨碌骨碌的轉動著，看見許多可愛的風景。
早晨樸拙的街屋住著人家，窗戶裡透著黃色的燈光，聽到鍋鏟翻動的聲音，日本
媽媽正在料理先生和孩子的便當吧！。
經過門前，造型特別的信箱大方的告訴郵差說：「放這裡唷！」裡頭也許住著一個
負責信件的小精靈吧！抬頭，繼續帶著微笑，招牌都帶著溫和的線條和顏色。

旅行中移動是一種常態，因為有些什麼等著我們去發現。晴天、雨天，陰天，早晨，黃昏，如果可以讓自己更加融入當地的生活，用移動的姿態去感受任何形態的天氣，在不同的時間，走在有點熟悉的路線和下個轉角也許變成陌生的場所，告訴自己，繼續旅行吧！

旅行總是由許多點串成一條又一條冒險的旅程，聽著不熟悉的語言，看著陌生卻
又近在眼前的景物。除卻陌生感，旅行其實和日常生活沒有太多的分別？決定就
這樣吧！一直把眼睛放在腳步的前面，累了就停下來休息。

第一次到日本，對所有的傳統
活動、街屋、路邊的綠意，處
處感到驚奇，想把所有的細節
都看透，印在心裡。

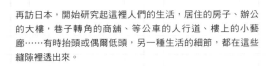

再訪日本，開始研究起這裡人們的生活，居住的房子、辦公的大樓，巷子轉角的商舖、等公車的人行道、樓上的小藝廊……有時抬頭或偶爾低頭，另一種生活的細節，都在這些縫隙裡透出來。

能夠用步行來實踐旅行，緩慢的速度讓我看見更多，像森林
的小溪流，淺薄的水灘慢慢的推進水域往前再往前，只為了
看見更多日常的風景。

往人群更密集的地方，節奏更快的區域走去，大多時候還是保持一點距離的，隔著玻璃、隔著一條街看，眼中的色彩繽紛又柔和。

貓。果然如是

國中美術老師，以「貓。果然如是」為名經營部落格。入選2008嚴選中時部落格、2008年全球華文部落格大獎年度最佳藝術文化部落格決選入圍。2007年繪於MOLESKINE筆記本的創作，入選MOLESKINE舉辦的Invitation au Voyage Competition TOP50，於台北、香港、倫敦等地展出。曾出版《下課後的台灣小旅行》。

本來是擅用畫圖取代照相，以寫字取代說話的貓。卻因為收養一隻流浪貓臭米，而了解自己永遠都不會眞的是貓。

一起來 玩002
貓的夏。日小旅行

作　者	貓。果然如是
美術設計	IF OFFICE
責任編輯	林明月
行銷企畫	林家任
社　長	郭重興
發行人兼出版總監	曾大福

編輯出版　一起來出版
　　　　　E-mail｜cometogetherpress@gmail.com
發　行　遠足文化事業股份有限公司
　　　　　www.sinobooks.com.tw
　　　　　23141 新北市新店區民權路108-3號6樓
　　　　　客服專線｜0800-221029　傳眞｜02-86673250
　　　　　郵撥帳號｜19504465　戶名｜遠足文化事業股份有限公司
法律顧問　華洋國際專利商標事務所　蘇文生律師

初版一刷　2011年8月
定　價　320元

國家圖書館出版品預行編目（CIP）資料
貓的夏・日小旅行 / 貓。果然如是 著.
-- 初版. -- 新北市：一起來出版：遠足文化發行, 2011.08
176面；15×19公分. --（一起來玩；2）ISBN 978-986-86878-5-1（平裝）
1. 遊記　2. 日本
731.9　100013926

旅途上的
畫畫課

沾水筆頭用完折下清洗，
屬於消耗品!!

若要上色（水彩），
要選防水（不牢水性）
墨水唷!!
↓
沾水筆和墨水可以展現線條的生命力。

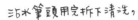

HOLBEIN cake colors

24色透明
水彩餅♥

用完沒洗
也可以蓋起來
就能帶走，超讚!!

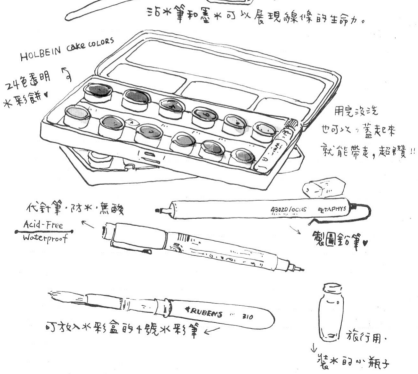

代針筆·防水·無酸
Acid-Free
Waterproof

43020/ocds METAPHYS
→ 製圖鉛筆♥

◆RUBENS 310
可放入水彩盒的4號水彩筆 ←

旅行用·
↓
裝水的小瓶子

大膽的畫下簡單的線條吧！

旅途中，可以從身邊的小物開始著手畫畫練習，充分練習直線、曲線，透過線條來捕捉旅行中的小物件！之後也可試著上色，為記憶留下鮮明的色彩。

甜甜圈

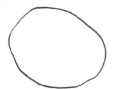

a 畫一個有厚度的圓形，線條可以帶點不規則。

b 圓形下方畫一條線，表示甜甜圈表面的巧克力醬範圍。

c 畫出甜甜圈中間的洞，並在表面加上一些巧克力碎粒。

筆記本

a 畫出一個上窄下寬的方形（斜斜的梯形）。

b 在方形下方畫幾條線，表示本子的紙張，表現筆記本的厚度。

c 畫出筆記本的封面細節，文字可以用線條或是點狀延伸。

三明治

a 畫出一個上窄下寬的方形，在側邊畫出一個三角形。

b 在方形上分三部份，畫上小細點表現吐司的質感。

c 畫出吐司夾層的生菜和起司片，在表面加上橢圓形貼紙用來表示三明治外層的包裝紙。

帆布袋

a 畫出袋子的概要外型和手提帶。

b 畫出帆布袋口的厚度線條。

c 畫出帆布袋的表面細節和布標籤。

店招

a 用直線畫出招牌概要的外形。

b 畫出木頭的厚度、用線條隔出拼釘木板的感覺。

c 加上陰影、招牌上的文字圖樣。如果無法仔細描繪文字，就將文字當作色塊處理，或用線條、點狀來表示。

花

a 以花為中心用簡單的線條安排位置。

b 畫出植物的外輪廓。

c 畫出植物的細節（葉脈、花瓣等）。可利用葉脈和花瓣上的短線條表現出彎曲的效果。

食物的畫畫練習

旅途中，享受異國美食是最令人
期待的事情之一，不妨試著透過
畫筆紀錄下難得的美食經驗。

甜點冰品

a 由上往下的角度畫食物，會感覺食物變
　得可愛且可口。

綠茶涼麵

a 麵條類以一般的視角畫，較能表現一團
　一團食物的感覺。

a 冰品的顏色要保持乾淨，不要混到顏
　色。

a 顏色表現以綠色和黑色為主，麵條的顏
　色要分兩至三個不同的色層，顏色越深
　的範圍要越少。

空間的畫畫練習

旅行時總會看到陳列可愛物品的小店，或
是令人印象深刻的場景，無法拍照的時
候，試著用畫筆紀錄下來吧！

a　以最接近自己位置的物件開始畫，此例以時鐘為主角先描繪，接著畫出月台上的柱子線條，最後才畫出表示
　　空間透視的放射線條。遠景的月台描繪細節要更加簡略，類似人的眼睛以清晰模糊來辨別距離的遠近。
b　上色時需注意近景顏色對比高、細節多，遠景顏色色差小且淡，可以表現出遠近的空間感。

畫面的選擇

旅行中的畫圖練習,對初學者較困難的是畫面的取捨。
譬如這一處的風景,包含了路燈、路牌還有植物等,全
景描繪時,無法突顯主題。但如果把主題放大,畫面也
會變得明確。

畫面的選擇

a 大遠景容易模糊主題,在畫圖的取景選
擇時可以主題表現為要。

b 上色的時候以主題仔細描繪,四周的
場景顏色以大面積處理即可。

內容的取捨

a 畫圖時候可以選擇性的描繪，不用照著
   實景去完成。
b 上色時也以能表現空間為主，完成後可
   以加上文字，增加畫面的完整性。

寧靜時光・宇治

在旅途上找一片風景。畫作明信片，

寫下心情，寄給自己或朋友。是最好的禮物。

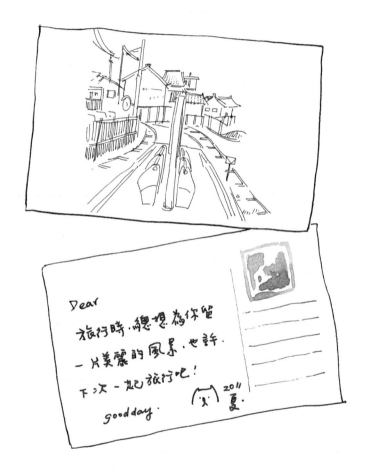

Dear
旅行時．總想為你留
一片美麗的風景．也許．
下次一起旅行吧！
goodday.　〔凡〕2011 夏．

讓旅行的心情延伸到日常中。直到 下次旅行再出發。

由衷感謝人生旅途上照顧我的大家。
以及帶我鑽進京都與東京小巷弄書店的南西貝兒小姐，
我們還要再一起出發去旅行唷！

蘑菇
在畫畫

這本筆記本有個名字,叫做「在畫畫」;因為使用它時,會有一種
在畫畫的欣喜。

它有氣質,打開來可以完全攤平,寫字的手不需跟兩側夾頁奮力推擠。
它毫無心機,闔上時會露出書背的膠裝痕跡和縫線,一覽無遺誠懇到底。

它有內涵,三種紙材還加上方格,讓書寫別有一番靈活的樂趣。
也有外表,封面厚厚的杯墊紙保護內頁,長期使用也能常保硬挺。

適合放手,不想留下的紀錄,沿著內頁折線就可整齊撕去。
也適合念舊,打了兩個洞,每一頁都可以分門別類收進資料夾裡。

順眼、順手又順心。

 +   + **3**

可完全攤平沿線撕下　　空白　　方格　　三種紙材

全木道林
防油紙
赤牛皮

蘑菇　在畫畫筆記本

尺寸　19x15 cm (hxw)

加工　打雙洞　易撕線　裁圓角

內頁　全木道林紙96頁　赤牛皮紙48頁
　　　防油紙40頁　64頁印方格
　　　總頁數256頁

價格　NT$ 330

在畫畫九號　復刻版

ㄅㄆㄇㄈ把心裡所想的符號畫下
來，一格一格，像練書法。
有時恍忽漏了一二字，回過神來，
嘆口氣再補上。每一天的工作，
也像是畫方格子，逐格之間紀錄與
填補。

南風

南風吹送，草堆上成群隱形的魚游過，
發出籔籔地聲音；這一刻天地是安靜
的，遠邊的海也是。「哈囉！你還好
嗎？」魚從我們中間滑過。
你望著遠邊的海平面，靜靜的，
終於什麼也沒說。

封面攝影
夏紹虞 電影人

日常姿態

生活器物的樣貌顯而易見。
而使用者的手勢消逝在
時間空隙中，容易忽略。

封面繪圖

吳怡欣　自由插畫人＋版畫創作者

蘑菇 Booday

www.booday.com

設計生活小物：蘑菇手帖　有機棉T　帆布包　天然染　筆記本
台北市大同區南京西路25巷18-1號　886-2-25525552 ext.11